中国非公有制经济人士
统战研究基地丛书

地方政府职能转变的动力机制及实现路径研究

范柏乃　余 钧/著

教育部哲学社会科学研究重大课题攻关项目（项目号14JZD005）

科学出版社
北 京

内 容 简 介

本书在对研究背景和研究意义进行系统阐述的基础上，全面回顾了政府职能转变相关的国内外研究成果，总结归纳取得的主要结论并探讨存在的不足之处。基于组织变革理论，构建了地方政府职能转变动力机制的理论分析框架，明确了地方政府职能转变的关键动力因素，提出了具体的研究假设并建立了地方政府职能转变动力机制的概念模型。在明确地方政府职能转变及其各项动力因素的测量指标的基础上开展了实证调查，收集测量指标数据。采用描述性统计分析方法考察了地方政府职能转变及其各项动力因素的现状，采用结构方程模型分析方法考察了各项动力因素对地方政府职能转变的影响路径及影响强度，检验所提出的研究假设。基于实证研究结果，并结合地方政府的现实需要及实践中的已有做法与经验，提出了实现地方政府职能转变的有效路径。

本书是对地方政府职能转变动力机制的实证研究，可供政府相关部门工作人员、相关领域研究人员及相关专业教师、学生等参考。

图书在版编目（CIP）数据

地方政府职能转变的动力机制及实现路径研究 / 范柏乃，余钧著. —北京：科学出版社，2018.2

中国非公有制经济人士统战研究基地丛书

ISBN 978-7-03-056092-6

Ⅰ. ①地… Ⅱ. ①范… ②余… Ⅲ. ①地方政府–政府职能–职能转变–研究–中国 Ⅳ. ①D625

中国版本图书馆 CIP 数据核字（2017）第 316275 号

责任编辑：魏如萍 / 责任校对：孙婷婷
责任印制：徐晓晨 / 封面设计：无极书装

科 学 出 版 社 出版
北京东黄城根北街 16 号
邮政编码：100717
http://www.sciencep.com

北京凌奇印刷有限责任公司 印刷

科学出版社发行 各地新华书店经销

*

2018 年 2 月第 一 版 开本：720 × 1000 1/16
2019 年 1 月第二次印刷 印张：11 1/4
字数：227 000

定价：98.00 元

（如有印装质量问题，我社负责调换）

丛书编委会

总　序

党的十八届三中全会明确提出，要“支持非公有制经济健康发展”。《中共中央关于全面深化改革若干重大问题的决定》明确指出，公有制经济和非公有制经济都是社会主义市场经济的重要组成部分，都是我国经济社会发展的重要基础。必须毫不动摇鼓励、支持、引导非公有制经济发展，激发非公有制经济的活力和创造力。

截至2016年底，全国拥有各类市场主体8705.4万户，其中，企业2596.1万户、个体工商户5930万户、农民专业合作社179.4万户。在8700多万户市场主体当中，90%以上归属于非公有制经济。据统计，目前非公有制经济的税收贡献率超过50%，GDP所占比重超过60%，就业贡献率超过80%。非公有制经济为我国经济社会发展做出了巨大贡献，在促进经济增长、激发创新、扩大就业和增加税收等方面发挥了重要作用。

在中国经济加快转型发展和进入新常态的背景下，非公有制经济的发展形态正由传统工业化向新型工业化转变，发展动力从资源消耗为主向创新驱动为主转变，发展体系由外向型经济向统筹内外、内外结合转变，发展业态由传统集聚为主向现代产业集群为主转变，管理体制从家族管理为主向现代管理为主转变，发展目标从商品输出为主向资本输出为主转变。

非公有制经济的转型发展，离不开非公有制经济人士的智力支持。我国的非公有制经济人士，是适应社会主义初级阶段解放和发展生产力的需要，在改革开放、发展社会主义市场经济过程中出现的一个新的社会群体。经过30多年的发展，非公有制经济人士的构成主体已发生巨大变化：由过去的主要以农民和城镇待业人员为主，发展到包括从党政机关、国有企事业单位、高等院校、科研单位分流出来的行政干部、中高级知识分子，以及海外归国人员在内的庞大队伍，并且这支队伍仍处于不断发展壮大和变化中。非公有制经济人士具有较强的社会责任感，为经济建设和社会发展做出了很大贡献，已成为我国社会主义现代化建设的积极力量、统一战线的重要成员。

非公有制经济的蓬勃发展，以及非公有制经济人士的健康成长、队伍壮大更加离不开围绕非公有制企业、人士的体制机制和制度环境的建设，尤其是政府职能的转变、行政体制的改革，以及法治、市场和资本等环境的优化。2015 年 5 月，习近平总书记在中央统战工作会议上指出，促进非公有制经济健康发展和非公有制经济人士健康成长，要坚持团结、服务、引导、教育的方针，引导非公有制经济人士特别是年轻一代致富思源、富而思进，做到爱国、敬业、创新、守法、诚信、贡献。2016 年 3 月 4 日，习近平总书记在看望出席全国政协十二届四次会议的民建、工商联界委员并参加联组讨论时，进一步强调指出，非公有制经济要健康发展，前提是非公有制经济人士要健康成长。

"中国非公有制经济人士统战研究基地丛书"正是基于以上背景，在中国统一战线理论研究会非公有制经济人士统战工作理论浙江研究基地的出版资助下，吸收宁波大学、浙江大学等省内高校和科研机构，长江三角洲城市群乃至全国范围内的非公有制经济和非公有制经济人士的专家学者，以及实际工作部门人员，精心组织并撰写本套丛书。丛书主要围绕非公有制企业、非公有制经济人士、非公有制企业（人士）成长环境和体制机制改革等领域进行系统研究，深入探讨非公有制企业的市场拓展、技术创新、企业传承、文化建设、社会责任，非公有制经济人士的成长动力、成长瓶颈、成长机制，营商环境（如法治环境、市场环境和资本环境），以及政府职能转变等一系列重要问题。

"中国非公有制经济人士统战研究基地丛书"出版，可以为非公有制经济企业转型发展提供咨询服务，为党和政府决策提供事实依据，为促进非公有制经济健康发展和非公有制经济人士健康成长提供实际指导。

前　言

改革开放近 40 年来，我国经济社会实现了快速发展，取得的巨大成就举世瞩目。改革带来的“制度红利”厥功至伟，通过改革创造有利的发展条件和环境，破除桎梏因素，释放发展潜力。改革是一项只有进行时、没有完成时的伟大事业，从易到难是它的内在规律与基本特征。走过近 40 年的艰辛探索与不懈努力，改革已进入攻坚期和深水区。延续中国的“发展奇迹”，需要全面深化改革，推动政府职能进一步转变，使其与经济社会发展的现实需要相匹配、相协调，回应民众对政府的殷切要求和期待。党的十八大报告提出，“推动政府职能向创造良好发展环境、提供优质公共服务和维护社会公平正义转变”。十八大以来，党中央、国务院多次做出重要部署，有力推进政府职能转变，显著地提升了政府工作效能，也更大地激发了市场活力和社会创造力，促进了经济社会发展。

地方政府对政府职能转变的积极性及执行力是有效实施并成功实现政府职能转变的关键。政府职能转变呈现自上而下与自下而上既互相促进又互相制约的特征，中央的决策部署需要地方政府配合落实，地方的试点探索也可为中央决策提供参考。当前，地方政府职能转变存在地区间不平衡现象，一些地方政府职能转变推动得较快、较好，而有部分地方政府职能转变相对滞后，一定程度上还存在差距加大的问题。此外，地方政府职能转变也存在各种阻力及困境，如组织惯性、既得利益、协调不力、缺乏控制等。如何更快、更好地推进地方政府职能转变，除了要全面地把握地方政府职能转变的实际进展、成效及存在的不足与困境，准确地揭示地方政府职能转变的动力因素和动力机制也尤为重要，进而才能做到对症下药，找准切实有效的实现路径。

本书以地方政府职能转变为研究对象，遵循“文献综述—分析框架与研究假设—问卷设计与数据收集—统计分析与结果讨论—政策建议”的研究主线，对地方政府职能转变的动力因素、动力机制及实现路径进行理论探讨与实证考察。

第一章从国外和国内两个层面论述本书的研究背景、研究意义，并简要地阐述研究内容、研究方法及研究技术路线。

第二章从政府职能的内涵与价值取向、目标定位、动力因素与动力机制、实现路径四个方面全面收集和系统梳理已有的相关研究成果，总结归纳以往研究取得的主要结论及存在的不足之处，进而提出本书的研究切入点。

第三章基于组织变革理论构建地方政府职能转变动力机制的理论分析框架，基于理论分析、文献调研、访谈研究，明确地方政府职能转变具体的关键动力因素。在此基础上，提出具体的研究假设及概念模型，明确各项动力因素对地方政府职能转变的作用机制。

第四章基于已有相关研究及本书研究的实际需要，经由小规模访谈，确定概念模型中各项变量的测量指标。遵循问卷设计的原则和程序，经由预调查，对问卷进行信度和效度检验，形成正式问卷。确定调查对象和样本容量，发放问卷收集数据，并对样本特征进行描述性统计分析。

第五章基于问卷调查得到的数据，采用描述性统计分析方法，分析地方政府职能转变及其各项动力因素的现状。采用验证性因子分析方法，确认动力因素测量指标的结构效度。采用结构方程模型分析方法，以地方政府职能转变为内因变量，以各项动力因素为外因变量、中介变量，检验所提出的研究假设，并对分析结果开展讨论。

第六章基于实证研究结果，提出地方政府职能转变的实现路径，具体论述如何通过构建正式的、非正式的一整套制度安排，强化地方政府职能转变的各项动力，从而更快、更好地推动地方政府职能转变。

第七章对本书的主要研究结论进行扼要概括，总结归纳研究的主要创新点，指出研究存在的不足之处及展望未来可能的研究方向。

本书在撰写和出版过程中，得到了诸多同仁的支持与帮助，在此一并表示深深的谢意！此外，本书参考了国内外大量的已有研究成果，在此向相关研究的作者表示衷心的感谢！

范柏乃

2017 年 12 月

目　　录

第一章　导　　论

第一节　研究背景与意义

一、研究背景

“对于政府部门来讲，变革与其说是一种特例，不如说是一种惯例”（彼得斯，2001）。自政府诞生以来，政府职能一直处于不断变化之中。经济社会发展总是带来新的机遇和挑战，政府总是存在各种各样的问题与不足，人们也总是在寻求一个效率更高、成本更低的政府。只要政府还不完美，政府职能转变（government functions transformation）将不会停止。

20世纪80年代以来，新公共管理（new public management，NPM）运动兴起并席卷全球。在后工业社会、全球化的背景下，面对财政压力、官僚制问题及信任危机，西方发达国家相继开展政府改革，典型代表如英国的雷纳评审、下一步行动方案、公民宪章运动；美国的政府收缩计划、重塑政府运动等，改变传统的韦伯式公共行政范式，借鉴引入企业管理理论、方法、技术及模式，调整政府角色和职能，提高政府工作效率及公共服务质量。新公共管理范式倡导构建起催化作用的、社会拥有的、竞争性的、有使命感的、讲究效果的、受顾客驱使的、有事业心的、有预见的、分权的、以市场为导向的政府（奥斯本和盖布勒，1996）。Ferlie等（1996）在《行动中的新公共管理》一书中总结存在效率驱动、小型化与分权、追求卓越、公共服务取向四种新公共管理模式。改革浪潮从西方发达国家传播到发展中国家，对各国的政府管理和公共管理产生了巨大的影响。就成效来看，一定程度上克服了官僚体制的一些弊端，降低了政府成本，提高了政府效率及公共服务水平，回应并满足了民众的需求，进而促进了经济社会的发展，提升了国际竞争力，但同时存在伦理争议、缺乏协同等问题。具体来说，基于经济理论和个体利益的主导模式损害公平、正义、代表制、回应性等宪政和民主价值（登哈特J V

和登哈特 R B，2004）。结构分化改革造成碎片化和部门自我中心主义（Christensen and Laegreid，2007）。20 世纪 90 年代中后期以后，第二轮改革“后新公共管理改革”在很多国家启动，成为政府改革的新趋势。英国、澳大利亚、新西兰等西方发达国家是改革的主要开拓者。“后新公共管理改革”在效率之外强调公平、正义、公民参与、责任、合法性等公共价值，重视合作与协同，服务型政府（service-oriented government）、整体政府（whole-of-government）成为政府职能转变的新目标。

改革开放以来，随着市场经济体制的不断完善及民主政治的不断发展，针对新形势、新要求及面临的问题与困境，我国政府改革不断推进，先后开展了七次较大规模的行政管理体制和政府机构改革，分别是 1982 年、1988 年、1993 年、1998 年、2003 年、2008 年及 2013 年以来的改革，内容涉及政府机构、人员、职责权限、职能边界、府际关系、职能重心及职能方式等多方面的调整与优化。我国正经历着一场以政府职能转变为核心的治道变革。从目标层面来看，主要包括从无限政府到有限政府，从低效政府到高效政府，从人治政府到法治政府，从权力政府到责任政府，从管制型政府到服务型政府。从策略来看，主要涉及组织、行为、职能、信息、政治。从行为者来看，主要涉及各级党委、政府、利益集团、民众、企业、社会组织等（俞可平，2008；李文钊和毛寿龙，2010）。多年来，我国政府改革取得的红利丰厚，政府自身的效能提升，为经济社会发展提供了有力的支撑和保障，但总体上政府职能仍未实现根本的转变，与经济社会发展还存在一些不匹配、不适应的地方，与民众对政府的要求和期待还存在一定的差距，有待深化改革，推动政府职能进一步转变。当前，我国政府改革迈入了更为艰巨的攻坚阶段。2012 年，党的十八大报告提出，“推动政府职能向创造良好发展环境、提供优质公共服务和维护社会公平正义转变”。2013 年，十二届全国人大审议通过的《国务院机构改革和职能转变方案》，中共中央、国务院印发的《关于地方政府职能转变和机构改革的意见》，围绕政府职能转变提出了一些具体的改革要求和措施。十八届三中全会《关于全面深化改革若干重大问题的决定》部署了 60 多项改革任务，其中大部分都需要通过转变政府职能来实现，并提出“必须切实转变政府职能，深化行政体制改革，创新行政管理方式，增强政府公信力和执行力，建设法治政府和服务型政府”。2014 年，十八届四中全会提出，“加快建设职能科学、权责法定、执法严明、公开公正、廉洁高效、守法诚信的法治政府”。2015 年，十八届五中全会提出，“深化行政管理体制改革，进一步转变政府职能，持续推进简政放权、放管结合、优化服务，提高政府效能”。2017 年的国务院政府工作报告中，提出要持续推进政府职能转变。2017 年 6 月，李克强总理在全面深化简政放权放管结合优化服务改革电视电话会议上强调要不断深化“放管服”改革，坚持不懈地推动政府职能转变。政府职能转变是当前及今后相当长时间内我国全面深化改革的重点和核心任务，在推进国家治理体系和治理能力现代化的过程中占据着十分重要的地位。

我国政府改革既有中央的顶层设计，也有地方的因地制宜，呈现自上而下与自下而上既互相促进又互相制约的特征。地方政府对政府职能转变的积极性及执行力是有效实施并成功实现政府职能转变的关键。一方面，中央提出和推进的政府职能转变的战略部署，需要地方政府在实际工作中协同配合、贯彻落实。地方政府的执行不力、不作为、消极作为及抵制，会影响政府职能转变的推进，导致政府职能转变成为空中楼阁、表面文章。以权力下放为例，中央下放的行政权力需要地方政府做好承接工作，同时地方政府下放本级政府该下放的权力。《中国行政体制改革报告（2014—2015）》显示，超过四成的被调查者认为出于部门本位主义，地方政府在承接中央下放的权力且向下放权时会出现“梗塞”。另有一些报道显示，由于缺乏人力、物力、财力等资源，虽然上级政府将权力下放，但基层政府“接”不住。另一方面，地方政府的试验探索和改革创新，有效推进了本级政府职能转变，同时为中央决策部署提供了重要思路和参考，为其他地方政府转变职能提供了经验借鉴。地方政府创新已成为一种普遍现象，包括管理创新（政府机构改革、行政审批改革、管理机制体制创新等）、合作创新（公民参与、人大参与、非政府参与等）、服务创新（一站式服务、扶贫救助、社会保障等）、治理创新（民主选举、民主决策、民主监督等）、技术创新（电子政务、电子监察等）（杨雪冬，2011；吴建南等，2011），大部分地方政府创新与政府职能转变密切相关。从各地的实践来看，地方政府职能转变有效提高了政府的管理和服务水平，推动了区域经济社会发展，增强了区域竞争力，得到了民众的认可和支持，但也存在一些有待改进和解决的问题。地方政府职能转变存在地区间不平衡现象，有一些地方政府推进政府职能转变的速度相对较快、成效相对较好，主要是发达地区地方政府，而有部分地方政府推进政府职能转变相对滞后，一定程度上还存在差距加大的问题。地方政府在推进职能转变的过程中，无论是上级要求的规定动作，还是探索创新的自选动作，都或多或少地存在组织惯性、既得利益等阻力以及纵向和横向协调不力、缺乏控制等问题，阻碍和制约了地方政府职能转变的推进（石亚军，2015）。以法治政府建设为例，《中国法治政府评估报告（2015）》中指出，所评估的100个城市政府中，深圳、广州、北京、厦门、上海、杭州等法治政府建设水平较高，有38个城市政府（超过1/3）在及格线以下，得分高的地区和得分低的地区之间法治政府建设水平存在很大差异，且差距增大。通过评估还发现法治政府建设中，机构职能、组织领导、制度建设、监督问责等很多方面存在问题与不足。当前，地方政府职能转变与十八大提出的“建设职能科学、结构优化、廉洁高效、人民满意的服务型政府”的目标尚存在一定差距，亟待缩小地区间的差距，破除改革阻力及解决存在的问题，更快、更好地推进地方政府职能转变。

为什么有的地方政府职能转变相对较快、较好，而有的地方政府职能转变相对较慢、较差？如何更有效地破除改革阻力及解决改革中存在的问题，更快、更好地推进地方政府职能转变？回答上述问题，需要正确地认识和把握地方政府职能转变的动力因素和动力机制。梳理现有的研究发现，虽然学术界在政府职能转变的内涵、目标、影响因素、成效及实现路径等多个方面已积累了大量的相关研究成果，但对于动力因素和动力机制的研究尚不充分，实证研究更是匮乏，亟待开展深入的理论探索和实证研究。本书以地方政府为研究对象，对政府职能转变的动力因素、动力机制及实现路径进行理论探索和实证研究，着力回答前述问题。

二、研究意义

（一）理论意义

以往文献的调研结果表明，国内外学者在政府职能转变领域开展了大量的相关研究，取得了很多有价值的研究成果，但总体上来看，对政府职能转变的动力因素、动力机制的研究尚不充分，尤其是实证研究较为匮乏。本书在系统梳理以往研究的基础上，主要基于组织变革（organizational change）理论探讨地方政府职能转变的动力因素和动力机制。研究成果对拓展政府职能转变的研究内容、丰富和完善政府职能转变的理论体系具有重要的理论意义。

第一，深化了对政府职能转变动力因素的认识。以往的研究对政府职能转变的动力因素有很多探讨，但大多属于零散的考察，有的基于相关理论，有的基于实践经验，并且缺乏实证支持。本书基于组织变革理论，明确地方政府职能转变动力因素的主要类别。然后，采用理论分析并以文献调研、访谈结果为印证，明确各类动力分别都有哪些具体的关键动力因素。在此基础上，构建地方政府职能转变各项动力因素的测量指标，以县级政府为调查对象，采用问卷调查法收集测量指标数据，考察地方政府职能转变各项动力因素的现状。

第二，揭示了政府职能转变的动力机制。以往的研究对政府职能转变的动力机制缺乏深入的理论探讨，也缺乏实证研究的有力支撑。本书基于组织变革理论，构建地方政府职能转变动力机制的分析框架，提出具体的研究假设，进而建立地方政府职能转变动力机制的概念模型。在此基础上，构建地方政府职能转变及其各项动力因素的测量指标，以县级政府为调查对象，采用问卷调查法收集测量指标数据，运用结构方程模型方法进行分析，考察各项动力因素如何推动地方政府职能转变，包括影响路径、影响强度，以期正确地揭示和把握地方政府职能转变的动力机制。

（二）实践意义

近年来，我国地方政府积极推进政府职能转变，进展和成效显著，但也存在一些桎梏，包括地区间不平衡现象及实施过程中遭遇的各种阻力和问题。本书试图正确地揭示地方政府职能转变的动力因素和动力机制。在此基础上，为推进地方政府职能转变提供有针对性的、应用性的、前瞻性的思路和对策。研究成果对进一步推进我国政府职能转变工作、实现政府职能转变目标具有决策参考和实践指导价值。

第一，有助于解释政府职能转变的地区间不平衡现象。本书以县级政府为调查对象，既包括政府职能转变相对较快、较好的地方政府，也包括政府职能转变相对较慢、较差的地方政府，采用问卷调查法收集数据，对地方政府职能转变及其各项动力因素进行了实际测评及描述性统计分析，并采用结构方程模型分析方法探讨了地方政府职能转变的动力机制。研究成果能够揭示哪些动力因素推动有的地方政府职能转变相对较快、较好，而有的地方政府职能转变相对较慢、较差，有助于解释政府职能转变的地区间不平衡现象。

第二，有助于找准政府职能转变的实现路径。本书以县级政府为调查对象，采用问卷调查法收集数据，采用描述性统计分析方法考察地方政府职能转变及其各项动力因素的现状，采用结构方程模型分析方法定量揭示各项动力因素对地方政府职能转变的影响路径与影响强度，从而准确地识别影响地方政府职能转变的关键动力因素及其驱动机制。在实证研究的基础上，有针对性地提出地方政府职能转变的实现路径，为推进政府职能转变工作提供切实有效的对策建议。

第二节　研究内容与方法

一、研究内容

本书的主要研究目的在于识别地方政府职能转变的关键动力因素，揭示地方政府职能转变的动力机制，进而提出推进地方政府职能转变的路径选择，以期为推进我国政府职能转变工作提供理论参考和现实依据。由此，本书的主要研究内容包括以下四个方面：

（1）地方政府职能转变动力机制的理论分析。在对已有相关研究进行文献调研的基础上，基于组织变革理论，构建地方政府职能转变动力机制的分析框架。在此基础上，采用理论分析并以文献调研和访谈结果为印证，明确地方政府职能转变具体的关键动力因素。基于组织变革理论及已有的其他相关研究，提出具体的研究假设，建立可供检验的地方政府职能转变动力机制的概念模型。

（2）地方政府职能转变及其各项动力因素的实证调查。基于各变量的概念内涵、已有相关研究中采取的测量指标及小规模访谈结果，明确地方政府职能转变及其各项动力因素的测量指标。采用利克特七点量表，设计一份具有较高信度和效度的“地方政府职能转变的动力因素与实施状况”调查问卷，以县级政府为调查对象，对地方政府职能转变及其各项动力因素进行实证调查，并以SPSS 软件为工具对调查结果进行描述性统计分析，考察地方政府职能转变及其各项动力因素的现状。

（3）地方政府职能转变动力机制的定量分析。基于地方政府职能转变及其各项动力因素的实证调查数据，以 AMOS 软件为工具，以地方政府职能转变为内因变量，以地方政府职能转变的各项动力因素为外因变量、中介变量，采用结构方程模型分析方法，研究各项动力因素对地方政府职能转变的影响路径与影响强度。

（4）地方政府职能转变的实现路径研究。基于对地方政府职能转变动力因素和动力机制的实证研究结果，并结合地方政府的现实需要及实践中地方政府职能转变的已有做法与经验，有针对性地提出地方政府职能转变的实现路径，为推进政府职能转变工作提供切实有效的对策建议。

二、研究方法

（一）数据收集方法

1. 文献法

收集政府工作报告、相关政策文件、相关统计资料、典型案例等资料，为了解地方政府职能转变的现状、开展地方政府职能转变动力因素和动力机制研究、提出地方政府职能转变的实现路径奠定良好的基础。通过文献数据库、图书馆、互联网等途径，对政府职能的内涵与价值取向、政府职能转变的目标定位、政府职能转变的动力因素与动力机制、政府职能转变的实现路径及组织变革等相关内容进行国内外文献调研，为提出本书的研究切入点及构建理论分析框架、建立研究假设等奠定良好的基础。

2. 访谈法

以公务员为访谈对象，针对地方政府职能转变的动力因素和动力机制进行访谈，为明确地方政府职能转变的动力因素和动力机制提供依据。以相关领域研究者及公务员为访谈对象，针对地方政府职能转变及其各项动力因素的测量指标进行访谈，为明确地方政府职能转变及其各项动力因素的测量指标提供依据。

3. 问卷法

依据问卷设计的基本要求、程序和方法，采用利克特七点量表，编制具有较高信度和效度的“地方政府职能转变的动力因素与实施状况”调查问卷，以县级政府为调查对象，开展实证调查，采集地方政府职能转变及其各项动力因素的测量指标的原始数据。

（二）数据分析方法

1. 共词分析

以 Bibexcel 软件为工具，选取关键词作为共词分析（co-word analysis）的对象载体，确定阈值提取高频关键词，构造共词网络，对政府职能转变的相关文献进行共词分析。

2. 社会网络分析

以 Ucinet 软件为工具，基于共词分析得到的共词网络，采用社会网络分析（social network analysis）方法，绘制政府职能转变研究的可视化知识图谱。

3. 内容分析

采用内容分析（content analysis）方法，以政府职能转变动力研究的相关文献为分析文本，进行系统梳理和量化分析，把握已有研究中学者对政府职能转变动力因素的认识。

4. 描述性统计分析

以 SPSS 软件为工具，对问卷调查填答人的基本情况进行描述性统计分析

(descriptive statistical analysis)，确认问卷调查填答人的代表性。对地方政府职能转变及其各项动力因素的测量指标的问卷调查数据进行描述性统计分析，考察地方政府职能转变及其各项动力因素的现状。

5. 验证性因子分析

以 AMOS 软件为工具，对地方政府职能转变的动力因素进行验证性因子分析（confirmatory factor analysis，CFA），确认动力因素的测量指标的结构效度。

6. 结构方程模型分析

以 AMOS 软件为工具，以地方政府职能转变为内因变量，以地方政府职能转变的各项动力因素为外因变量、中介变量，采用结构方程模型（structural equation modeling，SEM）分析方法，研究各项动力因素对地方政府职能转变的影响路径与影响强度。

第三节　研究技术路线

在明确研究问题和研究思路的基础上，对已有相关文献研究进行系统梳理和归纳总结，评述已有研究的主要结论及存在的不足，提出本书的研究切入点。在此基础上，构建理论分析框架并明确具体的研究假设，建立可供检验的地方政府职能转变动力机制的概念模型。开发设计调查问卷，明确概念模型中各项变量的测量指标，确定调查对象及样本容量，开展实证调查，收集测量指标数据。对问卷调查收集的数据进行统计分析，对统计分析结果开展讨论。基于统计分析结果，结合地方政府的现实需要及已有做法与经验，提出地方政府职能转变的实现路径。本书的研究技术路线如图 1.1 所示。

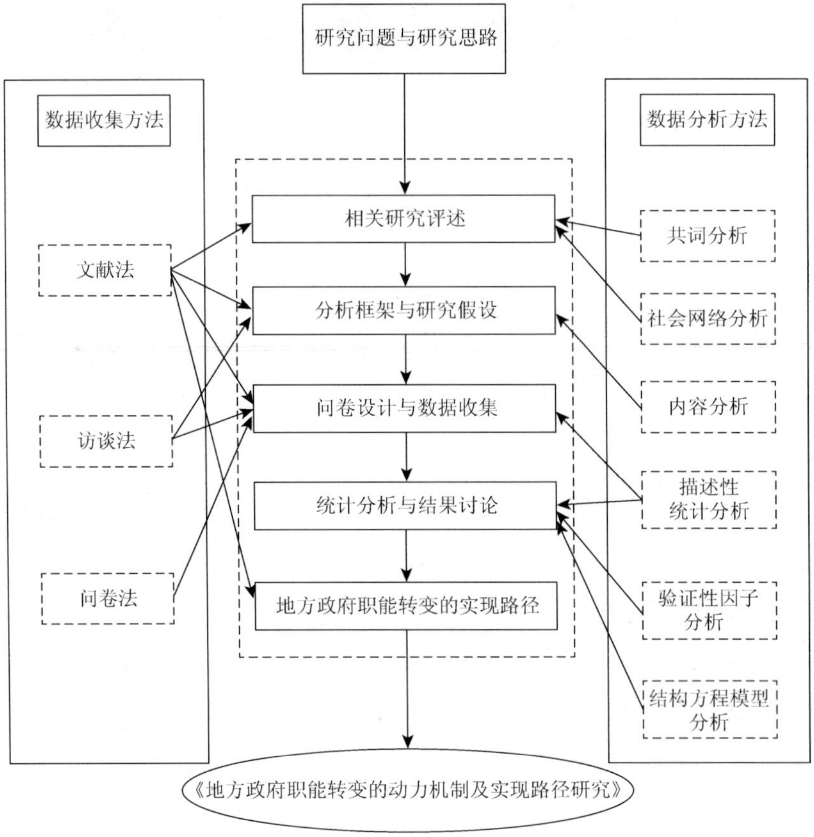
研究问题与研究思路
数据收集方法
数据分析方法
相关研究评述
分析框架与研究假设
问卷设计与数据收集
统计分析与结果讨论
地方政府职能转变的实现路径
文献法
访谈法
问卷法
共词分析
社会网络分析
内容分析
描述性统计分析
验证性因子分析
结构方程模型分析
《地方政府职能转变的动力机制及实现路径研究》

图 1.1　研究技术路线

第二章　相关研究评述

关于政府职能转变，国内外学者进行了大量的研究，积累了丰富的研究成果。从国内来看，关于政府职能转变及政府改革、行政改革、政府转型、政府再造、公共部门改革等相关主题有大量的研究成果，文献数量整体上呈现逐年增长的态势。基于在中文社会科学引文索引（Chinese Social Sciences Citation Index，CSSCI）中检索得到的样本文献①，绘制中文样本文献知识图谱，如图 2.1 所示。根据图 2.1 可以得出相关研究的研究对象涵盖不同层级的政府，涉及社会管理、公共服务等职能，研究基础是制度变迁和管理创新，重点关注目的（可持续发展、和谐社会、治理能力等）、目标定位（法治政府、服务型政府等）、情境因素（经济发展、社会转型、全球化、现代化等）、主体因素（人民群众、社会组织、国有企业、非政府组织等）、执行因素（体制改革、机构改革、绩效评估、顶层设计等）。从国外研究来看，专门以政府职能转变为主题的研究成果很少，但关于政府改革、行政改革、政府转型、政府再造、公共部门改革等相关主题有大量的研究成果。基于社会科学引文索引（Social Sciences Citation Index，SSCI）中检索得到的样本文献②，绘制英文样本文献知识图谱，如图 2.2 所示。根据图 2.2 可以得出相关研究的研究对象涵盖发达国家及发展中国家不同层级的政府，研究基础是创新和组织变革，焦点是新公共管理和治理，同时十分关注目标定位（善治、去中心化、透明化、专业化、责任、电子政府等）、情境与主体因素（全球化、经济、文化、政治、腐败、官僚、雇员等）、执行因素（领导、参与、执行、评估、组织与架构等）。

---

① 主题＝政府职能转变，检索日期为 2017 年 8 月 15 日，无重复文献数量为 1521 篇。

② 以政府职能转变为主题检索得到的文献数量过少，因此同时以“government function transformation” or “government functions transformation” or “government function change” or “government functions change” or “government function transition” or “government functions transition” or “government reform” or “governmental reform” or “administrative reform” or “public sector reform” or “government reorganization” or “government reinvention” or “reinventing government” or “reengineering government” or “restructuring government” or “government transformation” or “government transition” 为主题进行检索，检索日期为 2017 年 8 月 15 日，无重复文献数量为 673 篇。

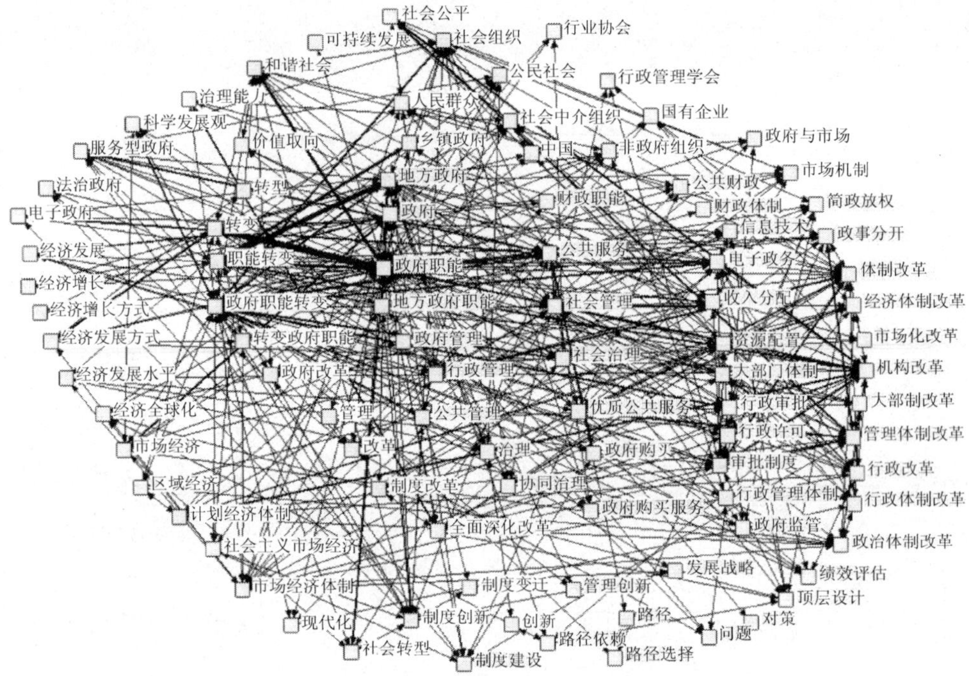

图 2.1　中文样本文献的知识图谱

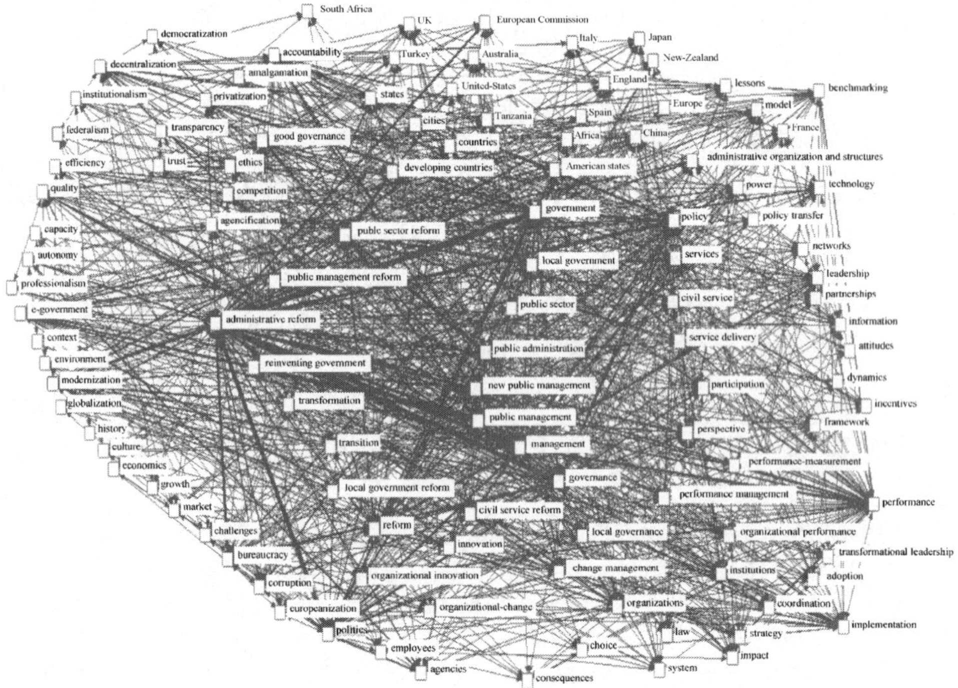

图 2.2　英文样本文献的知识图谱

在此基础上，结合本书的研究问题与研究内容，从政府职能的内涵与价值取向、政府职能转变的目标定位、政府职能转变的动力因素与动力机制、政府职能转变的实现路径四个方面对已有相关研究进行系统地回顾与梳理，归纳主要结论，发现存在的不足，提出本书的研究切入点，为构建本书的理论分析框架与研究假设奠定基础。

第一节 政府职能的内涵与价值取向

一、政府职能的内涵

《现代汉语词典》将“职能”定义为“人、事物、机构应有的作用、功能”。政府职能对应的是政府这一组织的作用、功能。自诞生那刻起，政府就发挥着一定的作用、功能以满足某种需求。或者说，政府天然是为了履行某种职能而诞生的。对于政府职能的内涵，代表性观点如表 2.1 所示。关于政府职能，总结来说：①主体。政府的概念有广义和狭义之分。相应地，政府职能也有广义和狭义之分。广义的政府职能涵盖立法机关、行政机关、司法机关承担的职责和功能，狭义的政府职能仅指行政职能，即行政机关承担的职责和功能。②目的。政府职能由政治权利主体赋予，因其公权力主体地位而产生，其目的涉及和平、安全、公平、效率、公众福利、解决市场失灵等。③内容。从不同的角度出发，可将政府职能划分为若干子职能。例如，从职能领域来看，可划分为政治职能、经济职能、社会职能、文化职能、生态保护职能等；从职能属性来看，可划分为统治职能、保卫职能、服务职能、管理职能等；从职能性质来看，可划分为立法职能、行政职能、司法职能、检察监督职能等；从职能方式来看，可划分为计划职能、协调职能、指导职能、监督职能、沟通职能、控制职能等（杨百揆，1986；张国庆，2007）。World Bank（1997）曾对政府职能做过全面、系统的归纳，提出政府职能主要是解决市场失灵和促进公平，并将其划分为小职能、中间职能和积极职能，如表 2.2 所示。④特征。政府职能具有公共性、普遍性、非营利性、强制性、动态性等特点。政府行使的是公共权力，满足公共需要，解决公共问题，实现公共利益。政府职能涉及经济社会的各个领域，不以营利为目的，同时拥有合法的强制性权力。政府职能客观上会随着经济发展、社会进步而发生变化，主观上会随着人们的认识变化而发生变化。⑤共识与分歧。对于政府的基本（必要）职能，已形成普遍的共识，但对于可选择职能及如何履行职能，则见仁见智，在职能边界（政府、社会和市场三者的关系）、职能结构（不同职能的关系、重要性）、职能方式（履行职能的手段和方法）等方面都存在一些分歧。即便政府活动的范围和形式存在一定的争议，但政府在现代经济社会生活中的重要地位毋庸置疑。

表 2.1　政府职能内涵的代表性观点

来源	观点
斯密（1972）	政府应履行三项职能：保护本国社会的安全，使之不受其他独立社会的暴行与侵略，……为保护人民不使社会中任何人受其他人的欺侮和压迫，……建立并维持某些公共机关和公共工程
穆勒（1991）	政府职能有关于政府权力应伸展到哪些人类事物领域。政府职能可分为必要职能和可选择职能，前者是指一直在行使而未遭任何反对的职能，后者是指对是否应由政府行使尚有疑问的职能。必要职能主要包括保护人身和财产安全，防止和制止暴力和欺诈、强制履行契约，有助于普遍福利的事
张金鉴（1992）	行政职能可分为维持、保卫、扶助、管制、服务、发展六个范畴
斯蒂格利茨（2000）	政府在绝大多数公民认为是基本公共功能的某些活动中担负着责任，如司法系统、警察保护和国防等，但在其他领域的作用却在不断变化，一般是对市场经济的失灵做出的反应。在现代经济中，政府发挥着重要作用：纠正市场失灵，对收入进行再分配，提供社会保险
张康之（2006）	政府职能是指政府在一定时期内，根据国家和社会发展的需要而承担的职责和功能，它反映了政府的基本方向、根本任务和主要作用。作为管理行政的政府职能包括两个方面：一是政府系统相对于和作用于其他社会系统、经济系统等所具备的功能，或称为政府体制的“外功能”，它所涉及的是政府与市场或国家与社会之间的关系问题；二是政府维系自身正常运转的功能，或称为体制“内功能”，它针对的是政府系统自身
张国庆（2007）	行政职能又称公共行政职能，在某些条件下也称政府职能。行政职能是狭义政府，即国家行政机关承担的国家职能，是赋予的国家行政机关在广泛的国家政治生活、社会生活过程中的各种任务的总称，是国家行政机关因其国家公共行政权力主体的地位而产生，并由宪法和法律加以明示规定的国家行政机关各种职责的总称
张成福（2007）	行政职能是指行政机关在管理活动中的基本职责和功能作用，主要涉及管什么、怎么管、发挥什么作用的问题
夏书章（2008）	在市场经济条件下，政府一般的或基本的角色或职能主要有提供经济发展的基础结构、组织各种各样的公共物品和服务的供给、共有资源和自然资源的保护、社会冲突的调整和解决、保护并维持市场竞争、收入和财产分配的调节、宏观经济的稳定
萨缪尔森和诺德豪斯（2013）	政府对于市场经济主要行使三项职能：提高效率、增进公平及促进宏观经济的稳定与增长
《布莱克维尔政治学百科全书》	政府是国家的权威性表现形式，其正式功能包括制定法律，执行和贯彻法律，以及解释和应用法律。这些功能在广义上相当于立法、行政和司法功能。这些功能同特定机构的权限的吻合程度，在某种程度上取决于社会统治的组织方式
《政治学辞典》	政府职能是指政府的职责和功能。基本职能有两种：阶级统治职能和社会管理职能。具体体现为：指导职能、服务职能、协调职能、监督职能、控制职能、保卫职能

表 2.2　政府的职能

政府职能	解决市场失灵			促进公平
小职能	提供纯公共产品：国防、法律和秩序、产权、宏观经济管理、公共卫生			保护穷人：反贫困计划、灾难援助
中间职能	解决外部性：基础教育、环境保护	调节垄断：公共事业管制、反垄断政策	克服不完全信息：保险（健康、人寿、养老）、金融管制、消费者保护	提供社会保险：重新分配养老金、家庭津贴、失业保险
积极职能	协调私人活动：市场培育、集群发展			再分配：资产再分配

资料来源：World Bank，1997

二、政府职能的价值取向

对于政府职能的共识与分歧，本质上涉及价值取向问题，即政府决策和行动的基本立场、态度、观念、信念等。换句话说，价值取向从应然层面决定政府履行哪些职能及如何履行职能。

论及政府职能的价值取向，有必要追溯政府的起源。关于政府起源的论述，主要有三种不同的观点，一是以柏拉图、亚里士多德为代表的自然说，“人类自然是趋向于城邦生活的动物，即人类在本性上，也正是一个政治动物”。城邦的产生，是源于人的自然本性和生活需要。二是以霍布斯、洛克、卢梭为代表的契约论。自然状态中存在各种不利于人类生存的障碍，为了保障生命、自由、财产的安全，人们让渡自然权力，订立契约，成立政府，由政府来保护订约者。三是以马克思和恩格斯为代表的阶级论。国家是人类社会分裂为阶级时出现的历史现象，国家是阶级统治的机器。政府随着国家的产生而产生，是国家意志的代理机构（谢庆奎，2005）。政府天然是为了完成特定的使命而产生、存在的。遵循自然说，可以认为政府职能的价值取向是满足人类生活的自然需要。遵循契约论，可以认为政府职能的价值取向是保护人们的安全、自由和财产。

学者对政府职能的价值取向进行了广泛的探讨，有代表性的如 Locke（1960）指出政府是为了人们的和平、安全和公众福利。Waldo（1948）指出国家的目的是美好生活（good life），追求的价值包括个人主义、物质主义、和平、自由、平等等。Fredrickson（1980）指出公共行政对公平、平等的承诺，应该与对效率、经济和效能的承诺同等重要，且应以对所有公民乐善好施的道德为基础。Moore（1995）指出政府的目的是创造公共价值，公共价值主要与公民的感知与期望有关。罗森布罗姆和克拉夫丘克（2002）指出公共行政的管理途径推崇的价值是效能、效率及经济的最大化；政治途径推崇的是代表性、政治回应、责任；法律途径推崇的是程序性正当法律程序、个人应享有的实质权利和法律的平等保护、公平、正直诚实。谢庆奎（2005）指出政府的目的是发展社会生产力，保护公私财产，保护人民的自由、平等与安全，维护阶级统治、维护民族权益、维护社会秩序，为人民服务。总的来说，政府职能的价值取向主要有两个方面：一是经济、效率、效益等与政府管理有效性相关的工具价值。政府应是高效率、低成本的；二是公平、自由、责任、回应等与公民权利相关的宪政与民主价值。政府应是追求公共利益的。政府追求的价值不是单一的，其表现出复杂性、多样化及内在冲突等特点（Jørgensen and Bozenman，2007）。例如，对公平与效率这两种价值取向的论争广泛且持久。公平与效率在同一时间、空间很难做到并行不悖，彼此之间一定程度上存在此消彼长的替代关系。实践中，政府存在牺牲公平追求效率或牺牲效率追求公平的现象（张国庆，2007）。对于政府职能价值取向之间存在的冲突，学界有优先论和平衡论两种观点，前者认为应对价值取向进行排序和取舍，后者强调平衡，认为需要折中、兼顾。无可否认的是，前述提及的价值即便被认为重要性存在差异及需要权衡取舍，但对于政府来说，都是重要的。

善治（good governance）被认为是当代政府职能价值取向的基本共识（de Graaf and van der Wal，2010）。虽然善治的内涵并没有统一、权威的界定，但并不妨碍善治成为 20 世纪末以来公共管理学、政治学最为重要的范畴之一。何为善治？Kaufmann 等（2000）指出善治包括五个方面，分别是：声音与自由，包括公民自由和政治稳定；政府有效性，包括政策制定和公共服务供给的质量；减少监管负担；法律的规则，包括产权的保护；司法的独立性，对腐败的控制。Weiss（2000）指出善治不仅是指多党派选举、司法、议会等西方民主的主要象征，还包括对人权的普遍保护，无歧视的法律，有效率的、公正的和快速的司法程序，透明的公共机构，官员决策的责任，资源和决策从中央转移到地方，有意义的公民对公共决策的参与等。联合国发展计划提出善治有五项原则，包括合法性与声音（legitimacy and voice）、方向（direction）、绩效（performance）、责任（accountability）、公平（fairness）（Graham et al.，2003）。俞可平（2002，2011）指出善治是“公共利益最大化的管理过程”“公共管理的帕累托最优”，其包括合法性、法治、透明性、责任性、回应、有效性、参与、稳定性、廉洁、公平十项基本要素。虽然学者对善治的内涵及构成要素存在认知差异，但参与、责任、法治、透明、稳定、有效性、合法性、公平、廉洁等价值得到了广泛的认可和普遍的推崇。

第二节　政府职能转变的目标定位

一、政府职能转变的内涵

政府职能具有动态性的特征，不是一成不变的，其随着客观环境、主观认识等的变化而发生改变（张康之，2006；张国庆，2007）。何为政府职能转变？代表性观点如表 2.3 所示[①]。通过对学者的定义进行归纳总结，可以得出学者对政府职能转变的内涵认识存在一些差异，有学者认为政府职能转变仅包括职能内容、职能方式的调整（周志忍，2006；卓越，2014），也有学者认为除职能内容、职能方式的调整外，还包括职能重心的调整（侯保疆，2007）、职能目标的调整（王国平，2004）、政府能力的增强（沈荣华，1999）、政府角色的转换（杜创国，2008）。

表 2.3　政府职能转变的代表性观点

学者	观点
沈荣华（1999）	政府职能的转变就是指政府的职责与功能的转换、重组与优化，意味着政府职能的性质和内容的转变、政府职能的实现方式的转变、政府职能中经济管理手段的转变、政府能力的增强与提高
王国平（2004）	政府职能转变是指政府从一种运行状态向另一种运行状态的转换，意味着政府运行的目标、功能、方式、手段的根本性变化。转变的依据是适应和促进经济、社会的全面协调发展

① 对“政府职能转变”做出界定的主要是我国学者，国外文献中很少使用“政府职能转变”这一概念。

续表

学者	观点
周志忍（2006）	政府职能转变与“该管什么不该管什么”相关，还与政府履行职责的具体方式，即“如何去管”，密切相关
侯保疆（2007）	政府职能转变本身的内容笼统地说就是对原有政府职能体系中的行政职责和行政功能重新认识分析，根据社会公共事务范围领域的界定及其划分来确定原有行政职责哪些需要保留或转移，哪些需要增加或减少，哪些需要转为重点或非重点；原有行政功能哪些需要强化或弱化
杜创国（2008）	政府职能转变是指国家行政机关在一定时期内对社会公共事务管理的职责、作用、功能的转换与发展变化，包括管理职权、权责的改变（对哪些事务负有行政管理权责，管什么，管到什么程度），管理角色（主角、配角等）的转换，管理手段、方法及其模式等的转变
卓越（2014）	政府职能转变既是对政府职能内容的重新定位，对政府职责和任务进行转换与发展，也包括对政府职能实现方式的重新认识，对政府管理方式的转换与发展
毛寿龙和景朝亮（2014）	政府职能转变的本质就是一种适应性变化。政府职能转变应以社会需要为前提，根据不同时期的任务和形势的变化而变化，否则就会出现“错位”

在此基础上，笔者认为，政府职能转变可界定为政府根据现实需要对自身职能所做的调整，是从一种职能状态转变为另一种职能状态，主要包括：职能范围的调整，即改变职能内容，调整承担的职责和功能，如将生态保护职能纳入职能领域、取消微观经济管理职能等；职能结构的调整，即改变职能重心，在职能范围不变的前提下，调整各项职能的相对重要程度，如从注重经济职能转变为注重社会职能；职能方式的调整，即调整政府履行职能的手段和方法，如从行政手段为主转变为经济手段、法律手段为主，从直接管理、微观管理转变为间接管理、宏观管理。未将职能目标的调整、职能角色的转换及政府能力的增强纳入政府职能转变概念的内涵，是考虑到前两者可反映在职能内容、结构、方式的调整中，后者可被认为是政府职能转变的结果。

二、政府职能转变的历史演进

政府的现行职能模式，是历经多次变革而逐步形成的。对国内外政府职能转变的历史进行系统梳理，可以发现，政府职能随着经济社会的发展及人们认知的变化而发生演进。西方发达国家的政府职能转变伴随着资本主义生产方式的成熟与发展，总体上呈现“古典经济学—凯恩斯主义—新自由主义—新凯恩斯主义—第三条道路—治理理论”的理论发展脉络，经历“自由放任—积极干预—减少干预—再干预”的过程（邹伟等，2004；张国庆，2007；杜创国，2008；薛澜和李宇环，2014）。我国的政府职能转变伴随着计划经济体制向市场经济体制转轨的进程，以中国特色社会主义理论为基础，以西方政府职能理论为借鉴和参照，总体上经历从全能型权力政府到有限责任型政府，从生产建设型政府到服务效能型政府的过程（侯保疆，2003；何士青，2006；丁霞和颜鹏飞，2011；朱光磊，2013）。

从西方发达国家来看，19 世纪到 20 世纪初，政府职能转变以“守夜人政府”为目标，从重商主义时期的强政府转变为小政府。重商主义的基本思想是通过有利的贸易差额，使国家致富。政府对经济社会生活实行全面、严格的干预，通过行政、立法、政治、外交、军事等各种手段控制进出口，扩大财政收入，达到积累财富的目的。以亚当·斯密、萨伊等为代表的古典经济学主张，在政府自由放任和消除干预的情况下，个人追求私利会自然增进社会的整体利益。政府除必要职能外，应尽量减少干预。遵循古典经济学思想，政府面对自由资本主义、垄断资本主义时期的实际情况，逐渐改变高度集权的、干预型的政府职能模式，以保障个人权利和自由为主要价值取向，采取自由放任主义，缩减职能范围，推行“守夜人政府”的职能模式（斯密，1972；杜创国，2008；刘华，2008）。20 世纪 30～70 年代，政府职能转变主要以大政府为目标。以凯恩斯、汉森、萨缪尔森、希克斯等为代表的凯恩斯主流经济学主张，政府应该干预经济，解决市场失灵，维护社会公平。面对席卷整个资本主义世界的经济危机，政府意识到市场机制的缺陷，遵循凯恩斯主义，扩张政府职能，普遍采取干预主义政策，对经济社会生活进行积极调节和控制，刺激经济增长，以公众福利为主要价值取向，维护公平正义，推动了福利国家的诞生（凯恩斯，1999；邹伟等，2004；张国庆，2007）。自 70 年代以来，政府职能转变再次转为以小政府为目标。以哈耶克、布坎南等为代表的新自由主义认为，政府同样存在失灵问题，政府干预是无效率的，应该减少政府干预。面对滞胀危机和财政压力，凯恩斯主义面临困境，政府转而接受新自由主义思想，减少政府干预和规制，缩减经济社会职能（杜创国，2008；齐桂珍，2007；张国庆，2007）。进入 80 年代，面对失业率居高不下、经济增长停滞、财政恶化等一系列问题，新自由主义遭遇质疑，以斯蒂格利茨等为代表的新凯恩斯主义应运而生，再次强调政府干预的重要作用，政府采取干预主义政策，积极解决市场失灵、增进社会公平（斯蒂格利茨，2000；杜创国，2008；张国庆，2007）。90年代以来，“第三条道路”成为政府职能转变的重要理念。以吉登斯为代表的“第三条道路”综合了社会民主主义和新自由主义，认为需要超越积极干预和自由放任两种模式。面对全球化、技术进步等带来的各种变化与挑战，政府在干预和放任之间奉行折中主义，推行“混合经济”模式、积极的福利政策、与公民社会之间形成良好伙伴关系、可持续发展、“新干涉主义”的外交模式（Giddens，1998；王幼英，2007）。21世纪以来，面对未得到有效解决的失业问题、经济停滞和紧缩、金融危机等，中间派的“第三条道路”缺乏广泛的政治支持和共识，遭遇失败（莱纳和杨望平，2011）。以罗西瑙、杰索普、罗茨等为代表的治理理论的影响力不断提高，其主张对政府角色进行重新定位，政府应该充当“元治理”的角色，也即“同辈中的长者”，主要责任是指导和确认行为准则，实现与社会力量的合作共治，具体包括有限政府、去中心化、发展第三部门等。可以说，西方发达国家政府职能转变的历史演进是在自由放任和积极干预之间不断地寻求某一个平衡点。

从我国来看，中华人民共和国成立以来，一般认为政府职能转变可划分为三个阶段。第一阶段是改革开放之前，学者基本没有争议。依照苏联的理论和实践，构建的是以高度集权、计划管理、部门管理为主要特征的全能型政府职能体系，政府职能范围十分广泛，大包大揽、自上而下地对经济社会生活进行直接调节和全面控制（侯保疆，2003）。政府职能以政治职能为重心，政府开展工作“以阶级斗争为纲”“以抓革命促生产”（何士青，2006）。第二阶段始于1978年改革开放，党的十一届三中全会提出将党和国家的工作重心转移到经济建设，做出改革开放的重要战略决策。第二阶段的政府职能转变着重于经济职能的调整（何士青，2006）。第二、三阶段的划分时间，有学者认为是1998年（朱光磊，2008）、2002年（万如意，2011），多数学者认为是2003年（何颖，2008；竺乾威，2012；周志忍，2014）①。第三阶段的政府职能转变着

① 竺乾威进一步将第二阶段细分为从党政改革转向政府改革、从单纯精简机构人员的改革转向以转变职能为主旨的改革，以1998年为转折点。

重加强社会管理和公共服务职能，同时改善市场监管和宏观调控职能。改革开放以来，基于我国的现实状况与基本国情，随着经济社会的发展，扬弃国外政府职能转变的经验和教训，我国政府不断推进政府职能转变。从职能范围来看，强调实行政企分开、政资分开、政事分开、政社分开，改变全能型政府职能模式，解决职能错位、缺位、越位等问题，减少不必要的政府干预与管制，更好地发挥市场和社会的作用；从职能结构来看，从以政治职能为重心，转变为以经济职能为重心，加强社会管理和公共服务职能；从职能方式来看，从微观管理、直接管理转变为宏观管理、间接管理为主，在行政手段之外，更多地应用经济手段、法律手段、市场手段等；从职能关系来看，调整中央政府和地方政府、上级政府与下级政府及政府部门之间的权责关系，向地方政府下放权力，提高地方政府的自主权，理清和优化政府部门间的职责权限（Zhang，2003；侯保疆，2003；邹伟等，2004；何士青，2006；唐铁汉，2007）。在此基础上，有学者分析总结了我国政府职能转变的演进规律与特征。例如，Zhang（2003）指出改革开放以来我国政府转型呈现一个双向矛盾的组合，即横向或纵向政治结构及功能的集权或分权、整合或分化。侯保疆（2003）指出我国政府职能转变受到传统经济-行政体制的影响与制约，主要在政府系统内部开展，表现形式有政府机构调整、职权变动及管理方式的探索改革。唐铁汉（2007）指出我国政府职能转变具有定位性、适应性、人本性、稳定性、借鉴性、渐进性等特点。许明强（2009）指出我国政府职能转变是一种强制性的制度变迁。概括来说，我国政府职能转变存在以自上而下的推动为主、政府系统内部调整为主、渐进式等特点。

三、政府职能转变的基本目标

政府职能转变的基本目标，主要包括有限政府、有效政府/高效政府、服务型政府、整体政府/协同政府/全面政府、法治政府、责任政府、透明政府、参与式政府、廉价政府/廉洁政府/节约型政府、诚信政府、企业家政府/市场式政府、无缝隙政府、回应型政府、生态型政府等，具体内涵如表 2.4 所示。关于这些目标的探讨，广泛地出现在学术文献中，也出现在各国领导人讲话、政府工作报告、政策文件、大众传媒中。分析不同目标的内涵，可以发现这些目标追求的核心价值不尽相同，涉及效率、经济、效能、法治、责任、民主、参与、公民权利、公众福利等。同时，不同的目标之间存在交叉与重叠，具有较强的包容性。政府职能转变的目标往往不是单一的，而是以多元目标为导向。当前，我国政府职能转变主要包括从无限政府到有限政府，从低效政府到高效政府，从人治政府到法治政府，从权力政府到责任政府，从管制型政府到服务型政府等（杨鸿台，2004；陈茗，2007；俞可平，2008；齐卫平等，2013；吴敬琏，2014）。

表 2.4　政府职能转变的基本目标

目标	内涵
有限政府（limited government）	有限政府是指规模、职能、权力、行为等受到限制的政府，限制源于法律的明确规定、社会的监督与制约，其针对政府机构膨胀、人员冗杂、效率低下、权力越位等政府失灵问题而提出，以保障个体权利和自由为主要价值取向（张雅林，1999；贠杰，2005；吴敬琏，2014）
有效政府/高效政府（effective government）	有效政府是指职能定位科学合理、能够高效且低成本地履行各项职能的政府，包括理念有效、制度有效、行为有效、结果有效等，其针对政府能力与效率低下问题而提出，以有效性为主要价值取向（王臻荣和邹祥波，2005；姜杰等，2014；吴敬琏，2014）
服务型政府（service-oriented government）	服务型政府是指以公民本位、社会本位为导向，以为公民服务为宗旨，在民主制度的框架内，提供优质公共产品和服务的政府，其摒弃政府本位、权力本位的管制型政府理念，以民主、公民权、公共利益等为主要价值取向（登哈特 J V 和登哈特 R B，2004；Knox and Zhang，2007；燕继荣，2009；施雪华，2010）
整体政府/协同政府/全面政府（whole-of-government/joined-up government/holistic government）	整体政府是指实现思想和行动横向和纵向协调的政府，包括排除政策之间的干扰、更好地利用稀缺资源、促使特定政策领域或合作网络中不同关键利益主体协作、为公民提供无缝隙服务而不是一系列分散的相关服务，主要涉及组织内部合作、组织之间合作、上下级政府之间协同、组织与公民之间联合等。整体政府是后新公共管理运动西方国家改革的新趋势，针对分割式管理模式的弊端而提出，推崇效率、公平、正义等价值（Ling，2002；Christensen and Lagreid，2007；曾维和，2008；蔡立辉和龚鸣，2010）
法治政府（government by law/government under rule of law）	法治政府是指权力由法律赋予、行为受法律约束、严格遵守法律的政府，包括组织法定、职权法定、程序法定、行为法定、责任法定等，其摒除人治的弊端，以法治为主要价值取向（刘旺洪，2006；马怀德，2008；贾凌民等，2012）
责任政府（responsible government）	责任政府是指对民意（或代议机构）负责、对自身行为负责的政府，包括道德责任、政治责任、行政责任、法律责任、诉讼责任、侵权赔偿责任，其摒除权力政府的弊端，以责任、民主、法治等为主要价值取向（张成福，2000；陈国权和徐露辉，2008）
透明政府（transparent government）	透明政府是指提供给民众方便、快捷的渠道获取有关政府运行、服务等信息的政府，其以透明、责任、民主等为主要价值取向（Kim et al.，2005；Welch，2012）
参与式政府（participative government）	参与式政府是指提供给民众多元化的有效渠道参与公共事务和公共决策的政府，其针对公民参与缺失现象而提出，以参与、民主等为主要价值取向（Kim et al.，2005；彼得斯，2001；Welch，2012）

续表

目标	内涵
廉价政府/廉洁政府/节约型政府（economical government）	廉价政府/廉洁政府/节约型政府是指在保证履行好应有职能的前提下，精兵简政、减少浪费、节约资源、廉洁自律，尽量降低成本的政府，其针对政府成本高昂、效率低下问题而提出，以经济、效率、效能为主要价值取向（王丽莉和高键，2004；夏书章，2007；赵兴，2007）
诚信政府（credit government/honesty government）	诚信政府是指具有良好信用的政府，其针对政府信用缺失现象而提出，要求强化政府的公信力，以诚信为主要价值取向（孙巧丽，2005；王策，2005）
企业家政府/市场式政府（entrepreneur government）	企业家政府/市场式政府是指遵循企业家精神、借鉴企业管理方法、应用市场的方式的政府，主要针对政府相较于私人部门效率低下问题而提出，以效能、效率为主要价值取向（奥斯本和盖布勒，1996；彼得斯，2001）
无缝隙政府（seamless government）	无缝隙政府是指以灵活的、整体的、连贯的方式提供高质量公共服务的政府，其针对的是割裂化、碎片化的传统管理模式弊端，以效能、效率为主要价值取向（Huja，1995；林登，2002）
回应型政府（responsive government）	回应型政府是指及时、有效回应公众意见和偏好的政府，其针对政府缺乏回应性问题而提出，以民主、回应、责任为主要价值取向（Hobolt and Klemmemsen，2005；卢坤建，2009）
生态型政府（ecological government）	生态型政府是指在促进经济社会发展中兼顾环境保护的政府，其针对环境破坏现象而提出，以责任、可持续发展为主要价值取向（黄爱宝，2006；姚志友和刘祖云，2008）

第三节　政府职能转变的动力因素与动力机制

一、政府职能转变的动力因素

什么因素推动了政府职能转变？学者从不同的研究视角出发，探讨了政府职能转变的动力因素。政府职能转变是多种动力因素综合作用的结果。梳理已有的相关文献，可以得出政府职能转变的动力因素主要包括情境因素、主体因素和执行因素三类。情境因素与政府的内外部环境有关，主体因素与影响政府决策和行动的主体有关，执行因素与推进政府职能转变的行动有关。

（一）情境因素

从外部情境来看，引发和推进政府职能转变的因素涉及政治环境、经济环境、社会文化环境、法律环境、技术环境、生态环境、国际环境、竞争环境。

（1）政治环境。政治体制改革、民主进程、政治行为者关系变化等政治环境因素对政府职能转变有推动作用。例如，Razin（2004）基于对以色列地方政府改革的研究，指出政治环境包括社会政治碎片化、政党对地方政治的参与等，对政府改革有影响；李文钊和毛寿龙（2010）基于对我国改革开放以来的政府改革的研究，指出政治秩序的转型（从特权、不平等、封闭政治转变为普遍、平等、开放政治），对政府改革提出了新要求；Ongaro（2011）考察了1992～2007年意大利行政改革，得到政治因素包括政党制度、行政机关与立法机关的关系、政治家与官僚的关系等，对行政改革有着影响。

（2）经济环境。经济增长、经济发展方式转变、经济结构调整、经济体制改革、经济问题/危机等经济环境因素对政府职能转变有推动作用。例如，李文钊和毛寿龙（2010）基于对我国改革开放以来的政府改革的研究，指出经济秩序转型（从计划秩序转变为市场秩序）要求政府转变职能，建立相适应的职能体系；郑小强（2013）研究指出粗放型经济增长方式转为集约型经济增长方式、短缺经济转为过剩经济、生产力水平的提高及阶段性经济问题，推动了我国政府职能转变；Hong（2013）考察了韩国政府的新公共管理改革，指出其是应对经济危机带来的持续的经济不景气的重要工具。

（3）社会文化环境。社会进步、社会关系变化、文化变迁等社会文化环境因素对政府职能转变有推动作用。例如，Andrews（2008）基于对发展中国家公共部门改革的研究，指出社会环境包括公共机构合法性、公民素质、社会现实等，对公共部门改革有着影响；徐全忠（2010）指出文化塑造了影响组织行为的基本价值与规范，文化变迁是我国行政改革的重要动力；郑小强（2013）研究指出社会进步、社会关系的复杂化推动了我国政府转变职能。

（4）法律环境。法律环境变化对政府职能转变有推动作用。例如，韩琪（2002）指出加入世界贸易组织（World Trade Organization，WTO）后我国法律法规体制与世界通行的做法接轨，法律环境的变化要求政府转变职能；潘秀珍和褚添有（2010）研究指出包括法律环境在内的制度环境的变化是我国行政审批制度改革的外部动力。

（5）技术环境。信息技术发展、新媒体普及、科技进步带来的新问题等技术环境因素对政府职能转变有推动作用。例如，胡佳（2009）指出科学技术的迅猛发展、信息化浪潮是我国行政改革的重要动力；郑小强（2013）研究指出信息技术的发展、新媒体的普及推动了我国政府转变职能。

（6）生态环境。环境破坏、资源紧缺等生态环境因素对政府职能转变有推动作用。例如，王虹和仇艳艳（2009）指出生态、资源、环境问题的凸显，要求我国政府职能进行相应地转变；鲍宗豪和崔翔（2014）研究指出生态问题越来越受到重视，要求政府转变职能，重视生态文明建设。

（7）国际环境。全球化对政府职能转变有推动作用。例如，Andersen（2008）指出，西欧很多遵循新自由主义的政府改革都是为了适应国际环境的变化；Kuhlmann（2006，2007）指出，欧洲一体化和全球化对地方政府改革具有一定解释力，在相同的外部环境压力下，不同的地方政府的回应是不同的，如柏林致力提高行政效率和绩效，巴黎致力推进地方民主和加强公民参与；郑小强（2013）指出全球化使得不同国家的政治、经济、文化等趋同化，要求政府职能与国际接轨，从而推动了政府职能转变。

（8）竞争环境。示范效应、府际竞争等竞争环境因素对政府职能转变有推动作用。例如，周志忍（1995）指出对于20世纪70年代以来的西方国家行政改革来说，私人企业改革取得的成功对政府形成的压力及示范效应是重要的动力因素；杨雪冬（2011）基于对地方政府创新奖入围项目的相关政府官员调查显示，有超过10%的创新想法最初源于学习其他地方经验；Christensen等（2012）基于对党员干部和政府官员的调查研究，指出向西方国家学习是我国行政改革的重要影响因素。

从内部情境来看，引发和推进政府职能转变的因素主要是政府自身的发展与变革，以及面临的问题与困境。①政府自身的发展与变革。政府管理理念的转变、行政范式的转变、行政管理水平的提高等政府自身的发展与变革因素对政府职能转变有推动作用。例如，何强（2008）指出政府管理理念的转变是我国地方政府职能转变的思想动力；郑小强（2013）指出行政范式的转变、行政管理水平的提高、政府职能的自我扩张与自我收敛推动了政府职能转变。②政府面临的问题与困境。财政压力、信任危机、管理危机等政府面临的问题与困境因素对政府职能转变有推动作用。例如，Aucoin（1990）指出过去二十年英国、澳大利亚、新西兰等国家的行政改革是对国际经济环境变化带来的财政压力的回应；周志忍（1995）指出对于20世纪70年代以来的西方国家行政改革，政府面临的困境，包括财政危机、管理危机、信任危机，是重要动力因素；Drewry 和 Chan（2001）研究指出政府改革是对传统官僚体制弊病的回应；徐全忠（2010）指出组织膨胀、权力异化、沟通与协同困难、缺乏创新是政府组织变革的内部动力。

（二）主体因素

引发和推进政府职能转变的相关主体包括上级政府、下级政府、政党、立法机关、司法机关、公众、企业、社会组织、政府决策者、政府工作人员、外国政府和国际组织等。

（1）上级政府、下级政府。例如，杨学渊（2001）指出上级政府对下级政府的行政强制力是政府职能转变的重要动力；李景鹏（2007）基于对我国地方政府创新活动的研究，指出上级政府提出的创新要求是地方和基层政府创新的动力来源之一；Andersen（2008）基于对丹麦 20 世纪 70 年代以来的地方政府改革研究，指出中央政府是占主导地位的改革推动者；罗峰（2011）基于对浦东综合配套改革中的政府职能转变研究，指出上级支持（国家领导人、正式文件、国家部委、上海市相关部门）是重要动力因素；杨雪冬（2011）基于对地方政府创新奖入围项目的相关政府官员调查显示，有 7.2%的创新想法源于上级部门选择本地作为试点，有 6%的创新想法源于下级部门的创造。

（2）政党、立法机关、司法机关。例如，杨学渊（2001）指出同级党组织、人大、法院、检察院等的督促是政府职能转变的重要动力；Light（2006）基于美国 1945～2002 年政府改革的研究，指出改革源于国会对行政机关的干预变多，总统的抵制力变弱。

（3）公众、企业、社会组织、利益集团、大众传媒、学术界。例如，Huque（1985）基于对孟加拉国地方政府改革的考察，指出随着民众对公共事务参与意愿的高涨，新政治精英开始支持改革，改革得到了推进；周志忍（1995）指出对于 20 世纪 70 年代以来的西方国家行政改革，公众对政府期望的提高、大众传媒的普及及监督作用的增长是重要动因；Kim（2005）基于对韩国政府改革的研究，指出公众对政府期望的提高（公众要求智慧政府、知识型政府、高效的服务）是政府改革的重要动力；杨学渊（2001）指出企业、社会公众、各类社会组织是政府职能转变的重要动力；Bel 等（2007）研究指出利益集团推动了地方政府改革进程；李景鹏（2007）指出学术界和媒体的推动、人民群众的压力是地方政府创新的重要动力。

（4）政府决策者/领导者、政府工作人员。Aberbach 和 Christensen（2001）考察了 1984 年以来新西兰的激进改革，研究得到强有力的改革倡导者（政策企业家）对改革具有重要影响；李景鹏（2007）指出地方政府创新的动力来源之一是基层和地方政府领导的社会责任感，领导想要破除政府的弊病和民众遭遇的困扰，从而产生创新的动机；操世元（2010）基于对杭州市政府职能转变的研究，指出党政领导的个人因素是地方政府职能转变的推动力；杨雪冬（2011）基于对地方政府创新奖入围项目的相关政府官员调查显示，有 50%的创新想法由某位有见识的领导率先提出，有 6.6%的创新想法源于本部门具体工作人员创造；郭明（2014）基于对广东省顺德区容桂街道的政府改革研究，指出领导干部想要解决实际工作的问题及学习、借鉴发达地区经验是推动改革的重要动力。

（5）外国政府、国际组织。例如，Harrison（2001）考察了乌干达和坦桑尼亚的行政改革，对于债务沉重的国家，作为捐赠者和债权人的外国主体越来越多地干预其行政改革的方式与过程；何颖（2002）指出我国加入 WTO 后，WTO 的规则要求政府转变职能。

（三）执行因素

引发和推进政府职能转变的相关行动涉及愿景、领导、计划、沟通、培训、参与、资源、变革、技术、控制、制度等多个方面。实现政府职能转变，需要经由一系列互相联系、互相配合的行动。徐全忠（2010）指出勒温提出的三阶段理论模式、计划性变革模式、行动研究、科特提出的八阶段变革模型对政府组织变革都有指导性作用。勒温提出的三阶段理论模式包括解冻（unfreezing）、移动（moving）、冻结（freezing）三个阶段；计划性变革模式包括掌握信息、发现问题、选择方案、落实方案、评估变革效果、反馈；行动研究包括收集信息、分析、反馈、行动、评价；科特提出的八阶段变革模型包括形成紧迫感，建立联合指导小组，构思设想、制定战略，传播变革设想，授权各级成员采取行动，创造短期收益，利用已获得的信誉改变不符合变革设想的制度结构及政策，使新方法在组织文化中制度化。有学者对政府职能转变的执行动力因素进行了较为系统的研究，例如，Fernandez 和 Rainey（2006）指出实施成功的公共部门组织变革包括以下要素：明确需要，管理者须明确并沟通变革的需要；制定计划，管理者必须制定实施变革的行动计划和策略；获得内部支持和克服阻力，管理者必须通过广泛的参与及其他方式获得内部支持并克服阻力；得到最高领导的支持和承诺；得到外部支持，管理者必须获取政治监督者和关键外部利益相关者的支持；提供资源，要求有充足的资源支持变革过程；制度化变革，管理者和一般人员必须进行制度化变革；追求全面变革，管理者必须发展一个全面的、整合的方法以实现子系统的一致性。Breul 和 Kamensky（2008）总结了布什政府和克林顿政府改革的成功经验，包括把问题及早提上议程，有坚实的基础，尽早开始，有高层领导的支持；明确努力推进的内容，明确基本原则、价值、方向并有效地传播；对改革的方案和过程达成共识；执行及后续工作，创建焦点行动，明确责任人，制定行动路线图，获得国会支持，发挥总统的作用，与部门有效地协调和合作，保持部门和雇员的焦点。Blackburn（2014）总结了 10 个公共服务改革成功的要素，包括愿景、紧迫感、识别阻力、沟通、与目标紧密联系、培训、强有力的领导、所有权、嵌入文化变革、客户效用。也有学者对政府职能转变的某几项执行动力因素进行了专门的研究。例如，Morgan 等（2010）通过比较坦桑尼亚和其他非洲国家的公共服务改革，得出政府对服务改革项目的设计和执行能力对改革有着重要影响。包国宪（2005）、朱丽峰（2010）均指出绩效评估对政府职能转变有推动作用，其有助于政府职能转变的理念、目标、举措的落实。夏卿（2003）、田旭和车邱彦（2006）均指出电子政务是政府职能转变的重要动力，电子政务有助于改变政府组织状态和职能方式，提高政府能力和效率，实现政府职能转变。刘艳玲（2006）指出法律和制度的规范和惩罚是政府改革的推动力，包括完善的公务员制度和行政法、公务员法等相关法律。

综上，梳理得到政府职能转变的主要动力因素如表 2.5 所示。同时可以得出，不同动力因素对政府职能转变所起到的作用及作用强度存在差异；情境因素、主体因素主要与政府职能转变的意愿有关，执行因素主要与政府职能转变的实施有关；对于特定的政府职能转变，某几项动力因素起到关键作用。

表 2.5　政府职能转变的主要动力因素

动力因素		相关文献
情境因素	政治环境	Huque（2002）；Razin（2004）；何强（2008）；胡佳（2009）；李文钊和毛寿龙（2010）；徐全忠（2010）；潘秀珍和褚添有（2010）；Ongaro（2011）
	经济环境	Andrews（2008）；何强（2008）；胡佳（2009）；李文钊和毛寿龙（2010）；徐全忠（2010）；操世元（2010）；罗峰（2011）；郑小强（2013）；Hong（2013）；鲍宗豪和崔翔（2014）
	社会文化环境	Razin（2004）；Andrews（2008）；胡佳（2009）；李文钊和毛寿龙（2010）；徐全忠（2010）；潘秀珍和褚添有（2010）；操世元（2010）；郑小强（2013）；鲍宗豪和崔翔（2014）
	法律环境	韩琪（2002）；潘秀珍和褚添有（2010）
	技术环境	胡佳（2009）；潘秀珍和褚添有（2010）；徐全忠（2010）；郑小强（2013）；鲍宗豪和崔翔（2014）
	生态环境	王虹和仇艳艳（2009）；鲍宗豪和崔翔（2014）
	国际环境	Kim（2000）；Kuhlmann（2006，2007）、胡佳（2009）；潘秀珍和褚添有（2010）；罗峰（2011）；郑小强（2013）；鲍宗豪和崔翔（2014）
	竞争环境	周志忍（1995）；胡佳（2009）；杨雪冬（2011）；操世元（2010）；Christensen 等（2012）
	政府自身的变革与发展	何强（2008）；胡佳（2009）；郑小强（2013）
	政府面临的困境与问题	Aucoin（1990）；周志忍（1995）；Kim（2000）；Drewry 和 Chan（2001）；Bel 等（2007）；胡佳（2009）；徐全忠（2010）；Hong（2013）
主体因素	上级政府、下级政府	杨学渊（2001）；刘艳玲（2006）；李景鹏（2007）；Andersen（2008）；胡佳（2009）；操世元（2010）；罗峰（2011）；杨雪冬（2011）；郭明（2014）
	政党、立法机关、司法机关	杨学渊（2001）；Light（2006）；罗峰（2011）
	公众、社会组织、企业、利益集团、大众传媒、学术界	Huque（1985）；周志忍（1995）；Kim（2000）；杨学渊（2001）；Light（2006）；刘艳玲（2006）；Bel 等（2007）；李景鹏（2007）；胡佳（2009）；徐全忠（2010）；操世元（2010）；罗峰（2011）；杨雪冬（2011）；Hong（2013）；郭明（2014）
	政府决策者/领导者、政府工作人员	Huque（1985）；Aberach 和 Christensen（2001）；李景鹏（2007）；操世元（2010）；杨雪冬（2011）；郭明（2014）
	外国政府、国际组织	Harrison（2002）；何颖（2002）
执行因素	愿景	Breul 和 Kamensky（2008）；Blackburn（2014）
	领导	Fernandez 和 Rainey（2006）；Breul 和 Kamensky（2008）；Blackburn（2014）
	计划	Breul 和 Kamensky（2008）；Morgan 等（2010）
	沟通	Fernandez 和 Rainey（2006）；Breul 和 Kamensky（2008）；Blackburn（2014）
	培训	Blackburn（2014）
	参与	Fernandez 和 Rainey（2006）；Breul 和 Kamensky（2008）
	资源	Fernandez 和 Rainey（2006）
	变革	Fernandez 和 Rainey（2006）；何强（2008）；Blackburn（2014）
	技术	夏卿（2003）；田旭和车邱彦（2006）；Seifert 和 Chung（2008）
	控制	包国宪（2005）；朱丽峰（2010）
	制度	Fernandez 和 Rainey（2006）；刘艳玲（2006）；杨建顺（2006）

二、政府职能转变的动力机制

不同的动力因素直接或间接地作用于政府，形成某种合力，推动政府职能转变的发生和实现。相较于动力因素研究，政府职能转变动力机制的系统研究较为匮乏。总结归纳已有研究，主要有两种观点。一是认为政府职能转变是由外因和内因推动的结果，但对外因和外因的构成有不同的看法。例如，Kuhlmann（2006，2007）基于对巴黎地方政府改革的研究，指出改革是一种制度变迁，由外生动力因素（全球化、外部经济-社会压力）和内生动力因素（行动者策略、历史路径依赖）共同推动。操世元（2010）基于对杭州市政府职能转变的考察，指出政府职能转变是适应环境或对环境妥协的结果，外部动力包括执行党的政策、新公共管理运动的冲击、社会舆论压力，内部动力包括政府机构创新、经济社会发展的内在要求、党政领导的个人因素。徐全忠（2010）指出政府组织改革是由行政环境变化和内部要素发展提出的新要求引起的，外部动因包括政治、经济、文化技术、服务对象等多个方面，内部动因包括组织膨胀、权力异化、沟通协调困难、缺乏创新等。王孝刚（2014）指出政府职能转变是内因和外因互相作用的结果，职能异化、职能混乱、效率低下影响政府职能转变的必要性，科学技术进步、政治文化的丰富与深化、公民素质的提高影响政府职能转变的可能性。二是认为政府职能转变是上级政府（自上而下）、社会公众（自下而上）及自身（本级政府）推动的结果。例如，杨学渊（2001）认为政府职能转变的动力包括系统内自上而下的行政强制力及部门和个人的认知，系统外同级党委、人大、法院、检察院的权力监督力，自下而上的民主推动力。周志忍（2010）指出行政改革原初动力到具体行动与效果之间的反应链条可划分为两个过程，其一是自下而上的，从公众需求转化为改革意志，包括公众需求生成、表达和传递，政府官员的认可、整合和回应，改革意志的形成；其二是自上而下的，从改革意志转化为改革行动和效果，包括政治家驱动官僚，上级政府驱动下级政府。郭明（2014）指出地方政府改革有三种路径：一是自上而下的目标型改革线路；二是自下而上的环境型改革线路；三是上下结合的第三种路径。以广东省顺德区容桂街道为例，阐释了第三条路径下地方政府职能转变的动力机制包括三个层面，如图 2.3 所示：一是上级驱动，上级政府的意见、战略等为地方政府职能转变提供政治保障；二是基层推动，民众、企业要求地方政府转变职能；三是主体主动，本级政府领导干部主导推动改革。石亚军（2015）指出政府改革的动力有两种模式：一是内生驱动型模式，政府从完善自身的需要出发，主动推动改革；二是外压驱动型模式，政府在外部压力下，遵循中央政府、上级政府的指令推动改革。此外，有学者考察了动力因素之间的关系，更具体、深入地探讨了政府职能转变的动力机制。例如，郑小强（2013）考察了我国政府职能转变的动力构成及动力间关系，将动力构成划分为支撑力系统、推动力系统、牵引力系统和自我更新系统，并构建了动力因素的因果关系图，如图 2.4 所示。

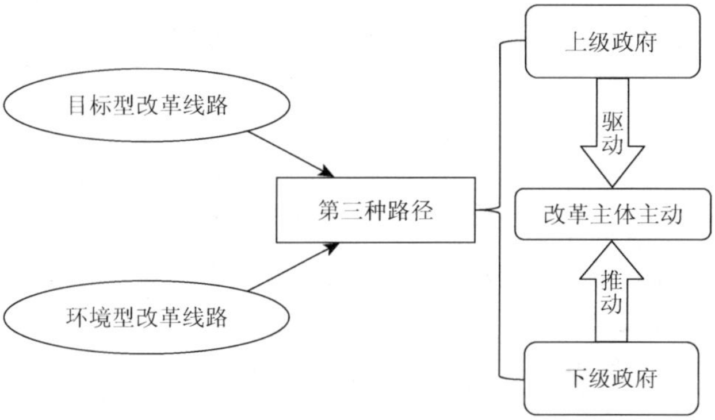

图 2.3　地方政府职能转变的第三种路径

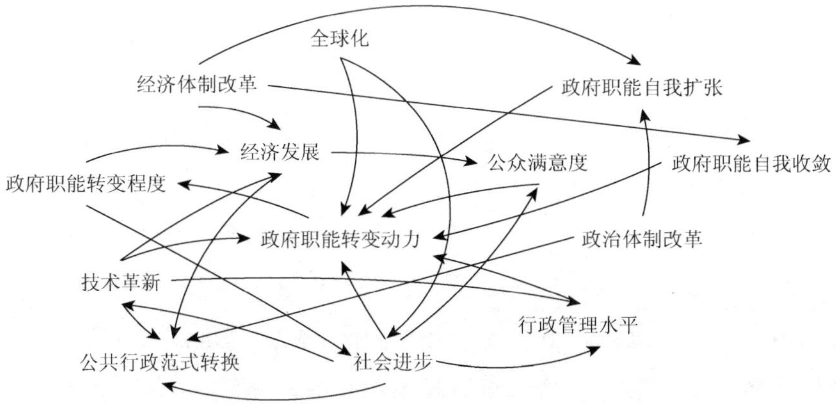

图 2.4　政府职能转变系统动力学因果关系图

第四节 政府职能转变的实现路径

如何实现政府职能转变？学者提出了很多的政策建议。梳理已有的文献研究成果，可以发现，学者提出的政府职能转变实现路径可以划分为三类，分别是改革内容，即通过何种具体变革实现政府职能转变；行动主体，即如何发挥相关主体作用实现政府职能转变；推进策略，即通过何种具体策略实现政府职能转变。

一、政府职能转变的改革内容

基于政府职能转变的目标及政府面临的现实状况，学者提出了实现政府职能转变的具体改革内容，涉及机构、流程、人员、体制、职权及与市场、社会的关系等，重点是机构改革、行政审批制度改革、优化完善经济职能和社会职能、明晰府际和部门间的权责划分，以及理清政府与市场、社会的职能边界。例如，林尚立（2007）提出我国政府职能转变的基本路径由职权、体制、机构与人员四方面改革构成，职权方面要求重新划分政府职权（治理职权划分、府际职权划分、部门职权划分）并配置相应权力，体制方面要求推进公共财政体制、公共服务体制、公共决策体制、政府管理体制、社会保障体制、经济监管体制等体制改革，机构方面要求机构再造，包括机构分化、机构转型、机构规范、机构活力，人员方面要求解决健全机制、确立结构、培育文化、强化培训四方面的问题。杜飞进（2007）指出要通过行政体制改革推进政府职能转变，包括通过行政审批制度改革推进政企分开；推进事业单位改革，发展和完善中介组织，推进政事分开、政府与市场中介组织分开；进一步深化政府机构改革等。唐铁汉（2007）指出进一步转变政府职能，要科学界定政府的职能边界，推进政事分开、政企分开、政资分开、政府与中介组织分开；完善经济职能，健全宏观调控体系和机制、市场监管体系；强化社会职能，完善社会政策，创新社会管理体制和机制，采取措施满足民众的公共需求。何强（2008）提出制度创新是推进政府职能转变的基本路径，包括加强宏观经济调控职能、完善行政审批制度及健全社会保障体系。唐皇凤（2014）指出推进政府职能转变，要推进市场化改革，政府从经济生活的直接参与者转向市场规则的制定者和市场秩序的维护者；调整和优化地方政府职能配置，合理配置不同级别政府的职责权限；深化行政审批制度改革，进一步简政放权；深化政府机构改革，优化政府组织机构。

二、政府职能转变的行动主体

政府职能转变的改革内容需要由相关主体推进，涉及本级政府领导、上级政府、党委、人大、公众等。实现政府职能转变，需要加强相关主体对政府职能转变的推动力度，包括增强上级政府、党委、人大对改革的支持、推动与约束，提升本级政府领导对改革的重视、支持、推动及统筹协调，提高公众对改革的参与度和影响力等。例如，杨学渊（2001）提出加快实现我国政府职能转变，要强化中央政府的权威，提高行政强制力，促进改革部署与意图的贯彻落实；要理清政府、党委、人大、司法机关之间的关系，充分发挥党委、人大、司法机关的监督作用；要推进社会主义民主建设，使民众、企业、社会组织的诉求能为政府知晓并重视、回应。罗德刚（2005）指出推进行政改革，需要行政首长重视改革，统筹协调，支持和推进改革。俞可平（2008）基于对地方政府创新案例的研究，提出推进政府创新，要求领导者有高度的责任感和强烈的改革创新精神，针对工作中的实际问题，主动实施改革。周志忍（2010）指出摆脱政府职能转变动力不足的困境的根本出路在于实现从政府主导型变革转变为民众主导型变革，让民意成为改革的推动力量，具体方式是通过制度创新，对公众赋权，使其对政府官员有更多的影响力和约束力。罗峰（2011）指出地方政府在推进职能转变过程中，一方面要争取上级政府的支持，另一方面要吸纳民众的有效、有序参与。黄蓉生（2015）指出推进政府职能转变，要加强组织领导监督，各级领导部门要统筹协调，加强监督、督促，推动政府职能转变工作有效实施。

三、政府职能转变的推进策略

政府职能转变的改革内容需要通过具体策略加以落实，涉及计划、沟通、参与、制度、控制等，具体包括绩效评估、法律规范、顶层设计、借鉴经验、系统变革、试点探索等。例如，Hansen（2005）指出，对政府改革进行绩效评估，了解改革的进展及存在的问题，有助于后续改革的推进。杨建顺（2006）指出推进政府职能转变，需要对相关制度、法律规范进行完善，建立健全科学合理地界定政府职能并且符合市场规律的法律规范，从法律规范的角度明确机构改革的指导原则、标准要求及程序步骤等；建立健全现代公务员制度，完善公共权力运行的监督制约及救济机制。杜创国（2008）指出进一步推进政府职能转变，需要有系统思维，整体推进，各项改革措施要相互配合、相互促进；基于科学发展观，以人为本；借鉴他国经验，但不照办他国模式。俞可平（2008）基于对地方政府创新案例的研究，提出推进政府创新，需要转变和解放思想，确立总体战略和长远战略，建立良好的制度保障，借鉴学习先进做法与经验，从地方实际情况出发开展创新性试验，将改革创新做法制度化。吴建南等（2015）基于对某县级市的案例研究，指出推进地方政府职能转变综合改革的策略包括对改革方案进行统筹，建立领导小组、工作组，制定和明确改革内容和改革路线；进行局部试点，通过先行试点工作为全面推行改革累积经验；引入智库参与，吸纳外部智库为改革建言献策；及时沟通督办，对改革进展、问题及经验进行定期研探，修改完善改革方案，解决发现的问题，更好地推进改革。

第五节　已有研究的总结述评

通过前述文献梳理发现，国内外学者在政府职能的内涵与价值取向、政府职能转变的目标定位、政府职能转变的动力因素与动力机制、政府职能转变的实现路径四方面做了大量的研究工作，取得了很多有价值的研究成果，但同时也存在一些不足之处，为今后的研究奠定了坚实的基础，也指明了未来研究的方向。以下对以往研究的主要结论及存在的不足进行归纳总结。在此基础上，提出本书的研究切入点。

一、主要结论

基于对文献的系统梳理，可以归纳得到已有相关研究的主要结论如下：

（1）政府职能的基本含义是政府承担的职责和功能。从不同的角度出发，可对政府职能进行分类。政府职能由政治权利主体赋予，因其公权力主体地位而产生，具有公共性、普遍性、非营利性、强制性、动态性等特点。对于政府的基本职能，已形成普遍的共识，但对于可选择职能及如何履行职能，则存在一些分歧。政府职能的共识与分歧，涉及价值取向问题。政府追求的价值不是单一的，其表现出复杂性、多样化及内在冲突等特点。善治被认为是当代政府职能价值取向的基本共识，涉及参与、责任、法治、透明、稳定、有效性、合法性、公平、廉洁等基本价值。

（2）政府职能转变的基本含义是政府根据需要对自身职能所做的调整，是从一种职能状态转变为另一种职能状态，主要包括职能范围的调整、职能结构的调整、职能方式的调整。政府现行的职能模式，是历经多次变革而逐步形成的。西方发达国家的政府职能转变伴随着资本主义生产方式的成熟与发展，在放任和干预之间，不断地寻求某一个平衡点。我国的政府职能转变伴随着计划经济体制向市场经济体制转轨的进程，经历从全能型权力政府到有限责任型政府，从生产建设型政府到服务效能型政府的过程。政府职能转变的流行目标，主要包括有限政府、有效政府/高效政府、服务型政府、整体政府/协同政府/全面政府、法治政府、责任政府、透明政府、参与式政府、廉价政府/廉洁政府/节约型政府、诚信政府、企业家政府/市场式政府、无缝隙政府、回应型政府、生态型政府等。

（3）政府职能转变的动力因素主要包括情境因素、主体因素和执行因素三类。情境因素与政府的内外部环境有关，主要涉及政治环境、经济环境、社会文化环境、法律环境、技术环境、生态环境、国际环境、竞争环境。主体因素与影响政府决策与行动的主体有关，主要涉及上级政府、下级政府、政党、立法机关、司法机关、公众、企业、社会组织、政府决策者、政府工作人员、外国政府和国际组织等。执行因素与推进政府职能转变的行动有关，主要涉及愿景、领导、计划、沟通、培训、参与、资源、变革、技术、控制、制度等。关于政府职能转变的动力机制，主要有两种观点：一是认为政府职能转变是由外因和内因推动的结果，但对外因和外因的构成有不同的看法；二是认为政府职能转变是上级政府（自上而下）、社会公众（自下而上）及自身（本级政府）推动的结果。

（4）政府职能转变实现路径可以划分为三类，分别是改革内容，即通过何种具体变革实现政府职能转变，涉及机构、流程、人员、体制、职权及与市场、社会的关系等，重点是机构改革、行政审批制度改革、完善经济职能和社会职能、明晰府际和部门间的权责划分及理清政府与市场、社会的职能边界等；行动主体，即如何发挥相关主体作用实现政府职能转变，涉及本级政府领导、上级政府、党委、人大、公众等，具体包括增强上级政府、党委、人大对改革的支持、推动与约束，提升本级政府领导对改革的重视、支持、推动及统筹协调，提高公众对改革的参与度和影响力等；推进策略，即通过何种具体策略实现政府职能转变，涉及计划、沟通、参与、制度、控制等，具体包括绩效评估、法律规范、顶层设计、借鉴经验、系统变革、试点探索等。

二、存在的不足

基于对文献的系统梳理，可以总结得到已有相关研究中存在的不足如下：

（1）政府职能转变的动力因素问题。对于政府职能转变的动力因素，学者做了大量的研究，提出了很多的动力因素，但至少存在四方面的不足：①缺乏对动力因素的系统考察。政府职能转变是从变革需要、变革引入、变革实施到变革成功的过程，政府职能转变的动力因素也应该包括与变革意愿相关的动力因素及与变革执行相关的动力因素。在已有的研究中，对政府职能转变动力因素的考察较为零散，缺乏系统性，大部分研究考察了与变革意愿相关的动力因素（情境因素、主体因素），小部分研究考察了与变革执行相关的动力因素（执行因素），缺乏同时纳入不同类别动力因素的综合研究。②缺乏对动力因素的合理分类。已有研究中对动力因素的分类，大多采取了外因和内因的划分方法，该分类方法过于简单，仅表征了动力因素的来源，更有意义的分类方法是基于动力因素发挥的作用进行分类。③缺乏充分的理论支撑。已有的研究中对动力因素的确定，大多采取了归纳法，基于经验、观察等方法总结政府职能转变有哪些动力因素。组织变革、制度变迁、创新、政治学等领域已有大量的、可供借鉴的成熟理论，这些理论在政府职能转变的动力因素研究中缺乏有效、广泛的应用。④缺乏对通则式解释的实证支持。已有研究中对动力因素的实证考察，大多采取了案例研究的方法，案例研究属于个案式解释，对政府职能转变动力因素进行通则式解释的实证研究较为匮乏，如采取大规模问卷调查的方法。政府职能转变的关键动力因素有哪些？不同学者的看法既有共识，也存在分歧。有待基于成熟的理论，构建政府职能转变动力因素的系统分析框架，对动力因素进行合理分类，进而基于已有相关研究成果及采用问卷调查、访谈等实证研究方法，明确政府职能转变具体的关键动力因素。

（2）政府职能转变的动力机制问题。对于政府职能转变的动力机制，相关研究较为匮乏、不够深入，至少存在四方面的不足：①缺乏对动力机制的系统研究。已有研究中，对于政府职能转变的动力机制有两种主要观点——政府职能转变是外因和内因推动的结果、政府职能转变是相关主体推动的结果。这两种观点仅纳入了与变革意愿相关的动力因素（情境因素、主体因素），忽视了与变革执行相关的动力因素（执行因素）。②缺乏对动力因素间关系的研究。不同的动力因素之间存在着联系与影响。已有的研究中，主要考察了动力因素对政府职能转变的影响（直接效应），缺乏对动力因素之间关系的分析与考察。换句话说，缺乏动力因素对政府职能转变驱动机制的研究。③缺乏充分的理论支撑。已有的研究中，对政府职能转变动力机制的构建缺乏坚实的理论基础。组织变革、制度变迁、创新、政治学等领域已有大量的、可供借鉴的成熟理论，这些理论在政府职能转变动力机制的研究中缺乏有效、广泛的应用。④缺乏对动力机制的实证研究及定量研究方法的应用。已有的对政府职能转变动力机制的研究大多是理论研究，实证研究较少。已有的实证研究中，大多采用了案例研究的方法，定量研究较少。政府职能转变的不同动力因素各自发挥什么作用？彼此之间有怎样的联系？通过怎样的路径推动政府职能转变？对政府职能转变有怎样的影响强度？已有的研究尚不能很好地回答前述问题。有待对政府职能转变的动力机制进行深入、系统的实证研究，基于成熟的理论构建研究假设，包括动力因素之间的影响、动力因素对政府职能转变的影响，通过问卷调查等方法收集数据资料，采用科学、恰当的方法对所收集的数据资料进行统计分析，检验所构建的研究假设。

（3）政府职能转变的实现路径问题。对于政府职能转变的实现路径，学者做了大量的研究，提出了很多的对策建议，但至少存在四方面的不足：①缺乏系统性。已有的研究中，学者提出的政府职能转变的实现路径，有的关于改革内容，有的关于行动主体，有的关于推进策略，还有的混合了前述某两方面或三方面，存在一定的混乱，缺乏系统性。②缺乏实证研究的支持。已有的研究中，学者大多基于经验、观察、理论等提出政府职能转变的实现路径，很少基于扎实的实证研究结果提出政府职能转变的实现路径。③缺乏动力研究的支持。已有的研究中，学者大多基于政府面临的现实状况及政府职能转变工作推进中存在的问题，提出政府职能转变的实现路径，较少基于政府职能转变动力因素和动力机制的研究成果，提出政府职能转变的实现路径。④缺乏实践经验的支持。已有的研究中，学者提出的政府职能转变的实现路径，较少结合实践中的已有做法和试验探索。如何有效地推进政府职能转变工作、成功实现政府职能转变？已有的研究尚滞后于实践的需要。有待基于政府职能转变动力因素和动力机制的实证研究结果，从政府的实际需要出发，参考借鉴实践中已有的做法与成功的经验，提出推进政府职能转变的有效路径。

三、研究的切入点

基于已有的国内外相关研究成果，针对以往研究中存在的不足，本书以地方政府为研究对象，试图进一步推进政府职能转变研究，对地方政府职能转变的动力因素和动力机制进行系统的理论探讨和实证考察，在此基础上，提出有效的地方政府职能转变的实现路径。首先，基于组织变革理论，构建地方政府职能转变动力机制的分析框架，明确具体的关键动力因素，提出研究假设并建立可供检验的概念模型；其次，开发设计调查问卷，明确地方政府职能转变及其各项动力因素的测量指标，以县级政府为调查对象，开展实证调查收集测量指标数据；再次，基于所收集的调查数据，采用描述性统计分析方法，考察地方政府职能转变及其各项动力因素的现状，采用结构方程模型分析方法，研究各项动力因素对地方政府职能转变的影响路径及影响强度；最后，基于实证研究结果，并结合地方政府的现实需要及实践中的已有做法与经验，提出实现地方政府职能转变的有效路径。

第三章　分析框架与研究假设

本章的主要内容是构建理论分析框架及提出具体的研究假设。首先，基于组织变革理论，构建地方政府职能转变动力机制的分析框架；然后，基于理论分析、文献调研和访谈研究，明确地方政府职能转变具体的关键动力因素；最后，提出具体的研究假设，建立地方政府职能转变动力机制的概念模型。

第一节　地方政府职能转变动力机制的分析框架：基于组织变革的视角

组织变革普遍存在于各种私人、公共组织中，关乎组织的生存与发展（Frohman，1998），受到管理实践者及学者的关注和重视。组织变革是指组织在个体或群体，以及整体层面的一个或多个方面发生改变（van de Ven and Poole，1995；Burnes，1996）。Bergquist（1992）总结组织变革有三类主要焦点，包括结构、过程和态度，结构与组织架构、奖励制度、制度性的政策和程序等有关，过程与组织成员与现行结构的互动有关，态度与组织成员对现行结构和程序的看法有关。罗宾斯和贾奇（2012）指出组织变革主要涉及结构、技术、物理环境及人员四个方面，结构变革涉及权力配置、协调机制、工作设计等，技术变革涉及工作过程、方法及设备等，物理环境涉及工作场所的位置和安排布局等，人员变革涉及组织成员的态度、期望、观念、技能、行动等。典型的组织变革有裁员、业务流程再造、组织结构调整、战略变革、文化变革、兼并与并购、全面质量管理等，地方政府职能转变也是一种组织变革。组织变革研究有着悠久且广泛的传统，变革动力是重要的研究主题。本节在梳理总结组织变革的动力因素及动力机制研究的基础上，构建地方政府职能转变动力机制的分析框架。

一、组织变革的动力机制：从意愿到执行

组织变革的动力因素及动力机制是什么？换句话说，哪些因素推动了组织变革的引入和实施？这些因素各自发挥怎样的作用？彼此之间存在怎样的联系？通过怎样的路径推动组织变革的引入和实施？各自对组织变革有着怎样的作用强度？回答这些问题，对于理解组织变革的过程、成功实现组织变革有着关键的意义。组织变革的动力因素可划分为两类，一类是与组织变革意愿相关的动力，即引发变革需要（the necessity/need/desire for a change）的动力；另一类是与组织变革执行相关的动力，即促进变革实施（facilitate the implementation of change）的动力（Whelan-Berry and Somerville，2010）。不同的动力因素发挥不同的功能，彼此之间存在一定的联系，通过不同的路径，共同推动组织变革的引入与实施。

（一）变革意愿

变革意愿是组织变革的前提（Fernandez and Rainey，2006；Whelan-Berry and Somerville，2010）。组织打破固有的思维和行为，引入和实施组织变革，首先要有变革意愿，即对变革产生需要。引发变革需要的动力因素是多元的，有来自组织外部的，也有来自组织内部的（Tsoukas and Chia，2002）。对于不同组织实施的相同或不同变革、同一组织实施的不同变革，引发变革需要的动力因素不尽相同，甚至可能差异很大。对于特定组织实施的某项变革，引发变革需要的动力因素可能不止一个，其受到多个动力因素的影响。不同的组织变革理论对引发变革需要的动力因素有不同的理解和把握。van de Ven 和 Poole（1995）提出组织变革包括四种基本理论，分别是生命周期、目的论、辩证和进化，并指出这四种理论代表了由不同动力驱动并在组织不同层面实施的不同变革。Kezar（2001）在 van de Ven 和 Poole（1995）提出的四种基本理论的基础上，补充了社会认知、文化两种理论。以下基于生命周期、目的论、辩证、进化、社会认知、文化六种理论视角分析引发变革需要的动力因素。

（1）生命周期（life cycle）。组织变革被认为是组织发展阶段的有序演进，从初创期、成长期、成熟期到衰退期。Kickert（2010）指出组织变革具有内部逻辑、程序或代码，其对组织变革起到决定性作用。换句话说，组织变革是一种自然进步，

是由组织生命周期的阶段性特征及不同阶段间的转变决定的，不能停止或改变。组织中的领导推进组织变革，目的是更好地适应组织的生命周期。在同一发展阶段内，组织状态相对稳定，变革往往是一阶变革①的形式。当一个发展阶段结束进入另一个发展阶段，由于面临危机和挑战，变革往往是二阶变革②的形式（Kezar，2001）。

（2）目的论（teleological）。组织变革被认为是一种有目的的干预性行为。组织变革的发生，是因为领导、变革推动者（change agent）或其他人员认识到组织存在变革需要，从而引入和实施某种组织变革以实现特定目的（Kezar，2001）。主体对变革需要的认识及其对变革的推动，可能是超脱个体的，认为组织存在问题、困境或面临机遇、挑战，存在新的、更好的方式完成工作，开展组织变革对组织的效益及未来发展有益；也可能是与个体密切相关，希望通过组织变革，获取个人利益（金钱、职务晋升等）或寻求其他的某种改变（Frohman，1998）。

（3）辩证（dialectical）。组织变革被认为是矛盾/冲突（contradiction/conflict）的结果，其源于黑格尔和马克思的观点③。Seo 和 Greed（2002）指出组织矛盾主要包括不适应、无效率、利益冲突、制度冲突四种类型，不适应是指僵化的行为和思维模式导致组织对外部环境变化的适应力低下，无效率是指组织现有的绩效水平与市场机会之间存在差距，利益冲突是指与组织相关的不同群体之间存在利益纷争，制度冲突是指与组织相关的各种制度安排之间存在不一致和冲突。矛盾/冲突导致变革的引入和实施。当矛盾/冲突良性互动时，组织可能经历一阶变革；当矛盾/冲突陷入僵局，组织可能经历二阶变革（Kezar，2001）。

（4）进化（evolutionary）。组织变革被认为是一种适应性行为，变革需求主要来源于组织所处外部情境的变化（Jacobs et al.，2013）。外部情境的变化带来机会和挑战，组织为了生存和发展，引入和实施某种组织变革，以适应变化了的外部情境。例如，全球化背景下市场竞争的加剧推动企业降低成本、集聚区域的生产要素、简化复杂矩阵结构。解除管制促进市场竞争，导致企业文化、人员的变革。社会进步伴随人们需求层次的提高，导致企业产品/服务、文化、人员的变革。技术变革带来弹性生产方式、缩短产品生命周期，导致企业

① 一种增量变革，不改变原有的范式，仅改进旧状态。

② 一种革命性变革，改变原有的范式，将导致新状态。

③ 组织中的一种模式、价值、理想、规范总是有其对立面。

采取更具弹性的组织结构。信息和通信技术的进步使得网络架构形成、应用并促进层级控制和横向知识共享（Pettigrew and Fenton，2000）。

（5）社会认知（social cognition）。组织变革被认为是主体学习与建构的结果，变革需要与适当性及回应认知分歧有关（Collins，1998）。该理论视角源于现象学与社会建构主义理论。主体接受不同来源且存在分歧的信息，认识到现行的价值和行为存在不当，从而推动组织变革（Kezar，2001）。对组织变革来说，客观的内外部情境是相对次要的，只有通过个体才能被理解和实施。组织变革主要受到相关主体主观认知的影响，其是由主体解释并赋予意义，是一种学习与建构。

（6）文化（cultural）。组织变革被认为涉及价值、信仰、观念、目标、使命、精神、象征等文化因素，变革过程复杂、漫长且关系到多个不同的层面。对于变革需要，该理论视角综合了辩证和社会认知理论的假设与观点，认为既源于矛盾/冲突（如组织合法性），也源于主体的学习与建构（如领导的认知与行为）。

以上六种理论视角并非是互相排斥的，而是经常互相交叉、重叠的。一些学者在研究中采取了混合视角，如 Senge（1990）的研究综合了进化、社会认知、文化、技术理论视角；Greenwood 和 Suddaby（2006）的研究综合了进化、技术、辩证、社会认知理论视角；Jacobs 等（2013）的研究综合了进化、技术、目的论、社会认知理论视角。van de Ven 和 Poole（1995）指出，不同的理论视角关注组织生活的不同方面，采取一个混合多个理论视角的综合观点是有益的。Kezar（2001）指出单一的理论视角虽存在内在的缺陷，但都增进了对组织变革的理解，综合不同理论视角的观点是理解组织变革的有效途径。对于特定的组织变革，变革需要可能同时来源于组织成长（生命周期），组织问题/机遇、个体动机（目的论），矛盾/冲突（辩证、文化），外部情境变化（进化），主体学习与建构（社会认知、文化）等，或以上引发变革需要的动力因素中的某项或某几项。不同的引发变革需要的动力因素作用强度存在不同，某项或某几项动力因素可能发挥主要作用，其他动力因素可能仅有微小作用或不发挥作用。

（二）执行

即使组织有强烈的变革意愿，也不意味着变革能得到成功地执行。组织变革的过程是复杂并且充满挑战的。根据已有的研究，组织变革实施失败的概率在 1/3～4/5（Whelan-Berry and Somerville，2010）。期望的组织变革，很多未得到实施，或在实施的过程中夭折。组织惯性对组织变革实施有制约作用。组织习惯于按原有的模式运作，组织中的个体对变革可能存在抵制（Colombo and Delmastro，2002）。Gibert（2005）将组织惯性分解为两种类型：一是资源守旧，由于资源依赖、再投资激励等原因，未能改变变革资源的投资模式；二是程序老套，由于组织惯例的固化，未能改变使用变革资源的组织流程。这两种情况都代表着组织没有能力实施组织变革。组织成员对组织变革的抵制，可能来源于变革风险带来的焦虑和不安全感、改变习惯的工作方式和工作关系、变革损害个体利益和现有地位及认知因素[组织成员认为现行模式（existing archetype/template）好于被提议的变革]（Nadler，1981；Jacobs et al.，2013）。破除变革阻力，成功实现组织变革，离不开一系列促进变革实施的动力因素，包括有助于变革执行的事件、活动、行为等。

组织变革的过程是多层面、多阶段的。Lewin（1947）将组织变革定义为一个解冻、移动、冻结的三阶段过程，为组织变革的过程研究奠定了基础。解冻阶段，打破既有的态度和行为，建立变革需要；移动阶段，实施变革，形成新的态度和行为；冻结阶段，巩固新的态度和行为。经典的组织变革阶段划分，主要有 Kotter 提出的八阶段模型、Kast 提出的六阶段模型、Schein 提出的六阶段适应循环模型、Galpin 提出的九阶段模型等。Armenakis 和 Bedeian（1999）在归纳总结前人相关研究的基础上，提出了组织变革过程的综合模型，既包括变革实施阶段（变革推动者行为阶段）——解冻、移动、冻结，也包括理解变革的阶段（变革目标推进阶段）——否定/抵制/预期/确认、探索/高潮、承诺/后果。Whelan-Berry 和 Somerville（2010）在归纳总结组织变革过程文献的基础上，提出了组织变革包括五个阶段，分别是：①建立清晰的愿景，明确组织变革的原因与需求；②将变革扩散至群体和个体层面，使得不同地点、团队、部门理解变革愿景；③个体接受组织变革，改变他们的价值、态度和行为；④维持变革实施的动力，使得变革获得关注和资源；⑤制度化变革，使得变革成为组织文化、运作及过程的组成部分。前述关于组织变革过程的研究，无论是三阶段、五阶段，或六阶段、八阶段、九阶段，虽然具体划分存在不同，但本质上具有共通之处。组织变革是经由愿景、计划、沟通、变革、巩固、制度化等一系列互相关联、互相配合并且一定程度上前后相继的行动展开。

促进变革实施的动力因素与组织变革过程中的具体行动相关，涉及领导、愿景、计划、沟通、参与、培训、仪式、考核、奖励、资源配置、人力资源管理、组织结构与流程、技术、文化变革等很多因素。不同的学者提出的促进变革实施的动力因素各有侧重，同时存在大量的交集。Nadler（1981）提出明确不满、参与、奖励、时间和机会是鼓励变革的重要因素，愿景、杠杆点、领导、资源、计划、变革机构、反馈是管理变革的重要因素，关键权力群体的支持、领导者行为、符号与语言、稳定性构建是构建变革政治动力的重要因素。Kotter（1995）认为建立变革需要、领导、愿景、沟通、计划、组织文化变革等是实现成功变革的重要因素。Abraham 等（1999）指出有效推进组织变革的相关因素包括愿景、沟通、认可和奖励、必要的资源支持、参与、领导角色。Gustafson 等（2003）认为影响组织变革结果的因素包括领导（高层领导、中层管理人员）目标/参与/支持、员工参与和支持、变革推动者声望与承诺、设计、计划、资金、有效性的证据、工作环境、控制与反馈等。Armenakis 和 Harris（2009）指出积极参与、内外部信息管理、人力资源管理实践、形式化活动、传播实践、仪式、说服性沟通等影响组织变革过程。Whelan-Berry 和 Somerville（2010）基于对前人研究的梳理总结，提出促进变革实施的动力因素主要包括接受变革愿景、领导者变革相关的行为、变革相关的沟通、变革相关的培训、员工对变革相关活动的参与、调整的人力资源实践、调整的结构与控制过程。

Bhyrovabhotla（2011）指出，有必要针对变革实施建立具有可操作性的通用框架。关于通用框架，以下三方面需要明确。一是对于不同的组织变革，变革的基本过程是相似的，促进变革实施的动力因素也是相似的。任何组织变革要有效执行、获得成功，都离不开计划、沟通、参与、资源、控制等一系列与变革执行相关的动力因素。二是促进变革实施的不同动力因素发挥着不同的作用。例如，愿景的主要作用在于明确组织变革目标实现的理想状态，便于就组织变革开展沟通及获得支持。沟通的主要作用在于增强组织内部成员和外部利益相关者对变革的理解和承诺。领导的主要作用在于鼓励组织成员及支持和推进变革。培训的主要作用在于为组织成员提供与变革相关的知识和技能。资源配置的主要作用在于为组织变革实施提供资金、人力等资源的支持（Abraham et al.，1999；Whelan-Berry and Somerville，2010）。不同的动力因素虽然具体作用及作用强度存在差异，但对于有效推进和成功实现组织变革，都有着重要的价值。三是促进变革实施的动力因素有很多，可依据一定的标准进行必要的归类，以更好地把握促进变革实施的动力。例如，可划分核心过程动力因素和支持过程动力因素，前者与具有战略意义且通常对组织职能有重要影响的行动有关，后者与诸如沟通、培训等辅助核心过程的行动有关（Alas，2007）。

（三）综合模型

与变革意愿相关的动力因素和与变革执行相关的动力因素是两类不同的动力，各自发挥不同的作用，区分两类动力分别进行探讨是有益的。在此基础上，也有必要建立纳入这两类动力的动力机制综合模型。组织变革的意愿和执行不是割裂的，引发变革需要的动力越强，意味着组织变革的意愿越强，从而促进变革实施的动力越强，组织变革的执行越顺利，最终成功实现组织变革。例如，在高科技、快速发展、竞争激烈的行业，组织变革更为常见，也更容易推进，其原因是处于这些行业中的组织，引发变革需要的动力强烈，组织若不进行变革则有可能被竞争淘汰。强烈的变革意愿增强了促进变革实施的动力，变革相关的行动更容易有效实施，从而使得这些行业中的组织富有创新性和执行力，成功实现组织变革（Colombo and Delmastro，2002）。此外，组织变革的各项动力因素不是彼此孤立的，动力因素之间存在着影响与联系。综合模型有助于更全面、深入地把握组织变革过程中，不同动力因素的作用、相互联系，以及产生影响、发挥功能的作用机理。以下系统梳理已有研究中具有代表性的组织变革动力机制综合模型。需要说明的是，部分组织变革动力机制综合模型仅包括与变革意愿相关的动力，或仅包括与变革执行相关的动力，并未同时纳入两类动力。

组织变革动力机制综合模型最早可追溯至 Lewin（1951）提出的力场分析（force field analysis），其认为组织变革是在动力和阻力的作用下从现行的状态

（平衡状态）经历不平衡状态直到目标状态（平衡状态）。该模型过于简单、直观，对动力因素和动力机制都缺乏深入的分析。

在 Lewin（1951）提出力场分析之后，Leavitt（1965）提出了一个包含结构、任务、技术和人员四要素的模型，该模型依然是一个十分简单的模型。相较于 Lewin（1951）的模型，Leavitt（1965）的模型明确了组织的内部要素，但忽视了组织外部因素的影响。Weisbord（1976）提出了六箱模型（six-box model），其将组织视为一个开放系统，并认为同时从正式（如结构）、非正式（如文化）视角理解组织是重要的。该模型中的要素包括领导、目的、关系、结构、辅助机制、奖励。相较于 Leavitt（1965）的模型，Weisbord（1976）的模型不仅关注组织内部的正式系统，同时关注组织内部的非正式系统，还纳入了环境的影响，但对于内部要素间的互动关系、环境的具体影响等都有待进一步明确。Nadler 和 Tushman（1977）提出了相合模型（Nadler-Tushman congruence model）（图 3.1），相较于 Leavitt、Weisbord 提出的模型，其是一个更为综合的模型，明确了组织的输入、过程与输出，组织的输入包括环境、资源、历史及战略，过程包括非正式组织、任务、正式组织安排、个体因素，输出包括组织、群体、个人层面的产品、服务、绩效。同时，该模型认为各项因素之间应该寻求一致性，以提升组织绩效。20 世纪 80 年代，麦肯锡 7S 模型（Mckinsy 7S model）被提出，其是一个容易识别和记忆的模型，认为组织发展过程的核心要素包括结构、制度、风格、员工、技能、战略及共同的价值观，这些要素之间存在交互关系，组织不可能通过改变前述七项要素的某一两个而改变整个组织。该模型未纳入组织外部因素的影响，也未探讨输出因素（如组织绩效）。Tichy（1983）提出了一个包含技术、政治、文化的框架，相较于 Nadler 和 Tushman 提出的相合模型，对组织行为的理解更加深入。该框架中，技术系统是一个高度理性的视角，政治系统代表权力，文化系统提供共同的价值和规范。该框架同样遵循“投入—过程—产出”的思路，核心要素包括外部环境、使命与战略（输入）、任务、人员、正式网络、组织过程、非正式网络（过程）、绩效（输出）。前述这些模型较好地解析了组织行为，有助于理解和把握组织变革的动力因素与动力机制，但针对性不强，对组织变革的动力因素与动力机制缺乏足够的解释力。

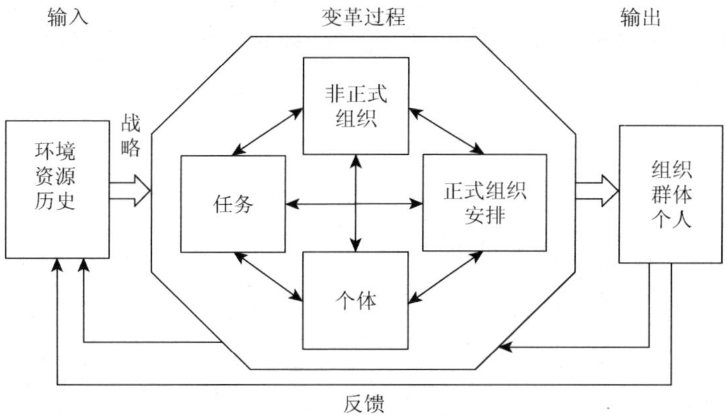

图 3.1 Nadler 和 Tushman 提出的相合模型

20 世纪 80 年代末 90 年代初以来，越来越多的学者对组织变革动力、过程、管理等进行专门研究，提出了一些更具针对性、解释力的模型。Burke（1988）、Burke 和 Spencer（1990）、Burke 等（1991，1993）的研究提出了一个组织变革的管理模型，该模型包括五个方面，分别是个体回应变革、变革内容、变革计划、变革中的人员层面管理、变革中的组织层面管理、变革绩效评估（Sharma，2007）。Burke 和 Litwin（1992）提出了一个组织绩效与变革的因果模型（图 3.2），该模型认为组织变革是从转换动力（transformational factors）、交易动力（transactional factors）到绩效再到反馈的过程，转换动力包括外部环境、领导力、使命与战略、组织文化四项要素，交易动力包括管理活动、结构、系统、工作单元氛围、激励、任务与个体技能、个体需要与价值七项要素。Porras 和 Silvers（1991）、Robertson 等（1993）提出了有计划组织变革动力的理论模型，该模型认为组织变革是从干预、工作环境（组织架构、社会因素、技术、物理环境）、个体行为到结果（组织绩效与个体发展）的过程。前述这些模型较为具体、准确地刻画了组织变革的引入、实施及结果（从外部环境到干预行为，再到组织层面变化、个体层面变化，最后影响组织绩效），但同时存在明显的缺陷。这些模型主要关注与变革执行相关的动力因素，相对忽视了与变革意愿相关的动力因素，仅提出了外部情境这一引发变革需要的动力因素，未能有效解释组织变革为什么会被引入。有待进一步回答以下问题：外部情境中哪些具体因素引发了变革需要？外部情境中的具体因素与组织内部因素之间是如何互动联系的？除外部情境外，是否存在其他引发变革需要的动力因素？这些动力因素具体有哪些？与组织内部因素之间是如何互动联系的？

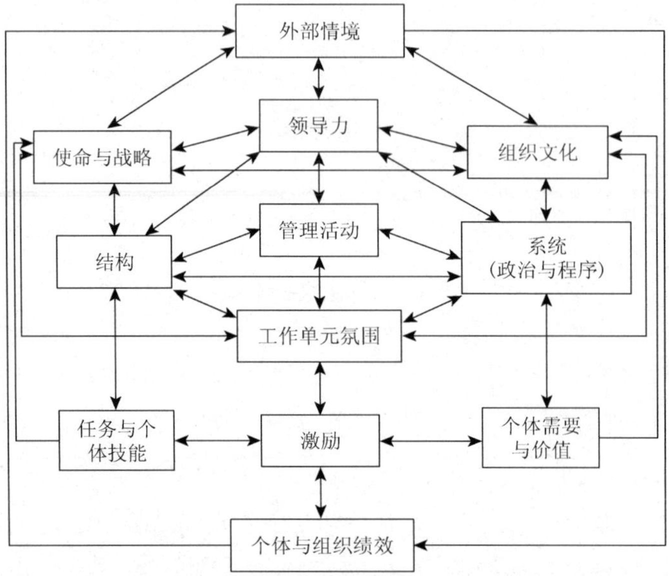

图 3.2 Burke 和 Litwin 提出的组织绩效与变革的因果模型

Greenwood 和 Hinings（1996）提出的组织变革动力模型（图 3.3）富有洞见性，其认为组织变革的动力因素包括情境动力（context dynamics）、触发动力（precipitating dynamics）、使能动力（enabling dynamics）。情境动力来自组织外部，包括市场环境和制度环境。触发动力和使能动力来自组织内部。触发动力包括利益不满、价值承诺，使能动力包括权力依赖、行动能力。组织变革的动力机制可被简要地描述为：在组织外部环境（市场环境、制度环境）的影响下，组织内部功能分化的群体对利益分配产生不满，利益不满的群体认识到现行的组织模式是造成其劣势地位的原因，进而反对现行模式，支持替代模式，影响对现行模式的价值承诺，从而产生组织变革的压力。在存在变革压力的前提下，组织变革实际发生，还需要有权力对利益不满的群体、替代模式的支持（权力依赖），以及管理变革过程的能力（行动能力）。同时，权力依赖和行动能力受到组织外部环境的影响。Greenwood 和 Hinings（1996）的模型聚焦于情境因素与触发动力、使能动力的互动，解释了在外部情境压力相同的条件下，为什么不同组织的回应存在差异，深化了对组织变革动力机制的认识。但其至少存在三方面不足：一是从模型整体来看，将变革动力划分为组织外部动力（情境动力）和组织内部动力（触发动力、使能动力），忽视了内部情境动力（如组织绩效问题）及外部触发动力（如利益相关者不满与诉求）、外部使能动力（如外部支持）；二是从触发动力来看，利益不满、价值承诺受到外部情境的影响，但市场环境、制度环境过于宽泛，对于影响利益不满和价值承诺的具体因素是什么，缺乏深入探讨，利益不满、价值承诺既可能受到内外部情境的影响，也可能受到群体/个体动机的影响；三是从使能动力来看，使能动力包括权力依赖和行动能力，权力依赖相对明确，但行动能力具体包含哪些关键因素，缺乏深入探讨。

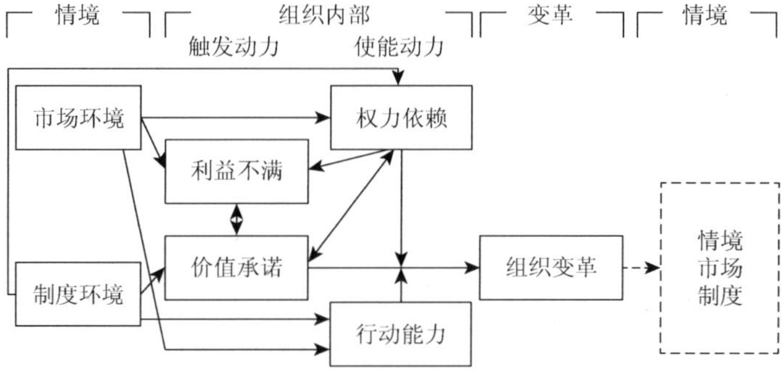

图 3.3　Greenwood 和 Hinings 提出的组织变革动力模型

21 世纪之后，一些新的研究成果修正、补充、拓展了 Greenwood 和 Hinings 提出的模型。从与变革意愿相关的动力来看，Seo 和 Creed（2002）提出了一个制度变迁的动力模型（图 3.4），制度变迁是从制度矛盾、实践、制度变迁再到制度化的循环过程，实践是从潜在的变革推动者到认知变化再到行动者动员，最后到集体行动的过程，利益冲突带来潜在的变革推动者，无效率、不适应、制度冲突影响认知变化，制度冲突影响行动者动员，无效率影响集体行动。Greenwood 和 Suddaby（2006）在 Seo 和 Creed 的模型的基础上，提出了一个制度企业家的过程模型。该模型认为网络位置（边界桥接、边界隔离、核心/边缘和不良绩效）影响矛盾（制度冲突、不适应、资源不对称、利益冲突、效率与和谐的矛盾），进而影响组织的嵌入程度（对替代逻辑的意识、对替代逻辑的开放、采取替代逻辑的动力），从而引发制度企业家行为（在权力的影响下从实践到制度变迁）。Weiner（2009）提出了一个变革意愿的影响因素与结果模型，模型认为情境因素（组织文化、政治与程序、过去的经验、组织资源、组织结构）影响变革效价、信息评估（任务需求、资源、制度因素），进而影响变革意愿（变革承诺、变革效能），再进而影响变革实施（发起、持续、合作行为），最后变革得以实现。Smets 等（2012）建立了一个实践驱动的制度变迁模型，除外部情境、冲突/矛盾、内部动力之外，变革需要还可能来源于个体的日常工作（实践动力）。Jacobs 等（2013）提出了一个统一的组织变革模型，该模型认为组织外部机会、威胁与内部优势、劣势之间的不协调影响组织认同，进而在领导的支持下，开展组织变革，从而影响组织绩效、组织合法性。

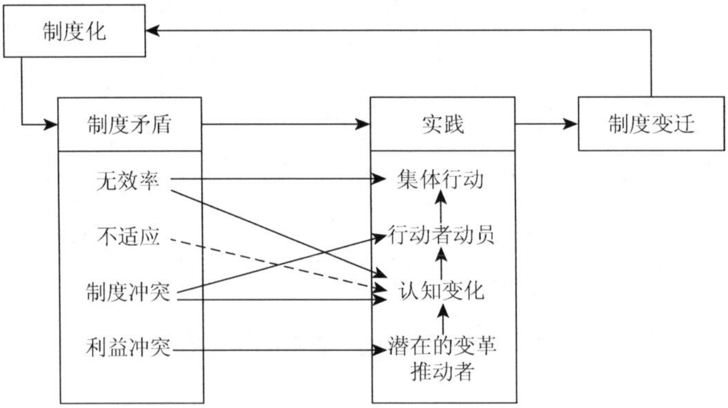

图 3.4　Seo 和 Creed 提出的制度变迁的动力模型

从与变革执行相关的动力来看，Oakland 和 Tanner（2007）构建了一个组织变革动力机制的新框架（图 3.5），该模型包括两个相互作用的循环，分别是变革意愿和变革执行，前者从外部事件、变革需要、领导和方向、计划到过程，后者从过程、组织和资源、系统和控制、行为到过程。Falletta（2008）提出一个组织智力模型（organizational intelligence model），该模型认为外部输入影响领导、战略和文化，进而在组织能力与执行关键要素（结构与适应性、信息和技术、领导者、测量和奖励、成长与发展、员工参与）的作用下，获得绩效产出。

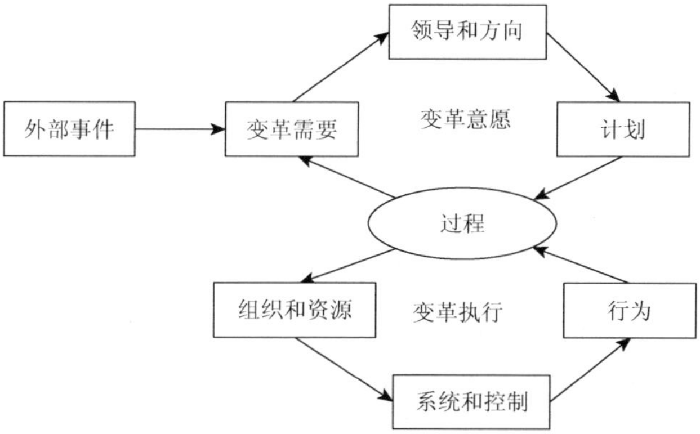

图 3.5　Oakland 和 Tanner 提出的组织变革动力模型

由上可以得到，组织变革的综合模型是不断发展和逐步完善的。从早期的力场分析到新近的一些模型，模型中纳入的动力因素及动力因素间的关系越来越复杂，能够更好、更深刻地再现组织变革的过程，揭示组织变革的关键动力，典型的如 Greenwood 和 Hinings（1996）的研究、Seo 和 Creed（2002）的研究。此外，不同模型的视角及重点存在差异，如有的模型着重于解析变革意愿的产生，而有的模型关注阐述变革是如何执行的。对于研究特定组织变革的动力机制，在通用的综合模型基础上，进行具体的探讨是必要的。

二、地方政府职能转变动力机制的分析框架

地方政府职能转变是指地方政府对自身职能所做的调整，即从一种职能状态转变为另一种职能状态，具体涉及职能范围、职能结构、职能方式等多方面的调整。地方政府职能转变是一种组织变革，从具体特征来看，首先，它是一种公共组织变革，公共组织以维护和实现公共利益为基本职责，私人组织则以营利为主要目的，公共组织与私人组织在民主的政治情境、法治的司法情境方面存在根本性差异，在环境需求、管理角色、外部控制、结构特征、决策程序、成员态度等多方面都存在着不同（Kuipers et al.，2014）；其次，它是一种二阶变革，地方政府职能转变的主要目标，包括从无限政府到有限政府、从低效政府到高效政府、从人治政府到法治政府、从权力政府到责任政府、从管制型政府到服务型政府，这种变革是多方面、多层面的，从

旧状态到新状态基于的是不同的理念和逻辑，采取的是新的模式、新的方向，是质的改变，属于二阶变革；再次，它是一种进化型变革，地方政府职能转变不是突然、剧烈的改变，而是逐步推进的，有一个较为长期、渐进的过程，最终实现变革，转变为新的状态；最后，它是一种有计划的变革，地方政府职能转变是由政府自身主导引入和实施的变革，是一种有意识的、主动的、目的和任务都较为明确的变革。

Whelan-Berry 和 Somerville（2010）指出单一的组织变革模型不可能适合所有的组织变革。地方政府职能转变有其特定的目标、内容及特征，需要建立针对地方政府职能转变的动力机制模型，但这并不意味着一些通用的组织变革动力机制模型，以及针对其他组织变革建立的组织变革动力机制模型，没有参考与借鉴价值。实际上，理论分析的基本框架是可以共通的，差别在于具体的动力因素存在差异。例如，地方政府职能转变与企业裁员这两种不同的组织变革，外部情境因素都可能是引发变革需求的动力，但不同的是，导致地方政府职能转变的具体外部情境因素可能是经济发展、社会进步、技术革新、全球化等，而导致企业裁员的具体外部情境因素则可能是经济危机、行业竞争压力等。

基于组织变革的基本理论，并主要借鉴 Greenwood 和 Hinings 提出的组织变革动力模型，构建地方政府职能转变动力机制的分析框架（图 3.6）。该分析框架的核心要素包括情境动力、触发动力、使能动力及地方政府职能转变。情境动力和触发动力主要与组织变革意愿有关，理论基础是组织变革目的理论、辩证理论、进化理论、社会认知理论。使能动力主要与组织变革执行有关，理论基础是组织变革过程理论。Greenwood 和 Hinings（1996）对于情境动力、触发动力、使能动力的内涵，并没有做出严格的界定，有必要理清这三类动力的内涵。考虑到 Greenwood 和 Hinings（1996）的研究中忽略了内部情境动力、外部触发动力和使能动力的存在，同时，地方政府职能转变作为公共组织变革，受到外部利益相关者（上级党委/政府、民众等）的影响较大。因此，在界定这三类动力的内涵时，相较于 Greenwood 和 Hinings（1996）的研究，做了一定的修正。

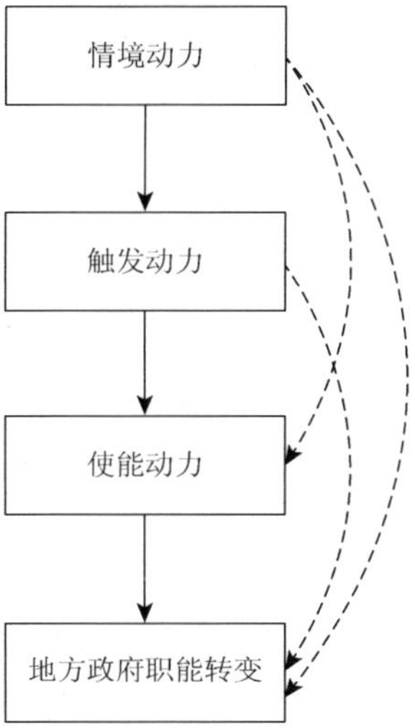

图 3.6　地方政府职能转变动力机制的分析框架

（1）情境动力。情境动力是指导致现行模式危机的动力因素。情境动力包括外部情境动力因素和内部情境动力因素，这些动力因素导致组织出现不适应、制度冲突、无效率、利益冲突等矛盾。

（2）触发动力。触发动力是指促成新模式（new archetype/template）引入的动力因素。触发动力因素与影响组织决策和行动的主体有关，这些主体对现行模式存在不满，进而推动改变现行模式、引入新模式。

（3）使能动力。使能动力是指推动新模式取代现行模式的动力因素。使能动力因素与组织变革执行的具体行动有关，这些行动推动组织变革实施，直到成功实现组织变革。

基于 Greenwood 和 Hinings（1996）、Seo 和 Creed（2002）、Weiner（2009）、Oakland 和 Tanner（2007）、Greenwood 和 Suddaby（2006）、Smets 等（2012）、Jacobs 等（2013）等的研究，明确情境动力、触发动力、使能动力及地方政府职能转变之间的联系。情境动力对地方政府职能转变有直接影响，同时可通过触发动力、使能动力对地方政府职能产生间接影响；触发动力对地方政府职能转变有直接影响，同时可通过使能动力对地方政府职能产生间接影响；使能动力对地方政府职能转变有直接影响。地方政府职能转变动力机制的主路径是“情境动力—触发动力—使能动力—地方政府职能转变”，即图 3.6 中的实线，具体可描述为：地方政府外部情境、内部情境中的某些动力因素导致地方政府现行职能模式出现不适应、制度冲突、无效率、利益冲突等矛盾，影响对地方政府决策与行为有影响力的相关主体的认知和行为。相关主体对地方政府现行职能模式产生不满，进而推动改变现行职能模式、引入新职能模式，从而导致地方政府职能转变的引入和实施。在地方政府职能转变实施过程中，一系列与变革执行具体行动相关的动力因素推动地方政府新职能模式取代现行职能模式，最终成功实现地方政府职能转变。

需要说明的是：①本书的研究重点探讨的是地方政府职能转变动力机制的主路径，即“情境动力—触发动力—使能动力—地方政府职能转变”。②所构建的地方政府职能转变动力机制的分析框架是截面的、线性的。实际中，地方政府职能转变是历时的、动态的、迭代的、震荡的，并存在反馈。模型是对现实的简化，描述现实中的主要特征及机理，建模是为了更好地理解和把握现实。所构建的地方政府职能转变动力机制的分析框架涵盖了地方政府职能转变的关键动力因素，并理清了关键动力因素之间，以及关键动力因素与地方政府职能转变之间的联系，对现实具有一定的解释力。

第二节　地方政府职能转变的动力因素

第一节基于组织变革理论，构建了地方政府职能转变动力机制的分析框架。地方政府职能转变的动力因素包括三类，分别是情境动力、触发动力和使能动力。本节试图明确地方政府职能转变的情境动力、触发动力、使能动力分别都有哪些具体的关键动力因素。在具体的关键动力因素的选择上，本书的研究采取以下方法：一是基于理论分析，在理论的指引下，确定地方政府职能转变具体的关键动力因素；二是采用文献调研，梳理归纳前人研究中提出的地方政府职能转变具体的关键动力因素；三是采用访谈研究，以公务员为访谈对象，深入了解现实中地方政府职能转变具体的关键动力因素。三种方法，互为印证，最终确定地方政府职能转变具体的关键动力因素。

一、情境动力

情境动力来源于地方政府的内外部情境，内外部情境中的一些因素导致地方政府现行职能模式出现危机，现行职能模式的危机引发地方政府职能转变的需要。Johns（2006）将组织情境定义为“影响组织行为发生和意义以及变量间功能关系的情境机会和约束”。Self 等（2007）将组织情境定义为“影响组织效能的现有的外部和内部条件”。组织情境中哪些具体因素导致地方政府现行职能模式出现危机？回答这个问题，有必要对地方政府职能转变的组织情境进行分析。Jacobs 等（2013）提出 PESTL（political-economic-societal-technological-legislative）方法可作为分析组织变革外部情境的基础性框架，其包括政治、经济、社会文化、技术、法律五个方面；ACCRE（asset-capabilities-competencies-resources-evaluation）方法可作为分析组织变革内部情境的基础性框架，其包括资产、能力、竞争力、资源四方面。借鉴采用 PESTL 方法、ACCRE 方法分别分析地方政府职能转变的外部情境和内部情境，并以相关文献调研和访谈研究结果为印证，确定地方政府职能转变具体的关键情境动力因素。

（一）外部情境

PESTL 方法是组织外部宏观环境分析的基础性工具。政治环境是指政治体制、方针政策等方面，经济环境是指经济体制、经济结构、经济发展水平、经济形势、经济政策等方面，社会文化环境是指社会结构、生活方式、价值观念、文化形态等方面，技术环境是指科技发展水平、技术变迁等方面，法律环境是指法律制度、法律意识等方面（王建民，2013）。PESTL 方法比较全面地涵盖了地方政府外部环境的具体方面，对于地方政府职能转变的外部情境分析具有适用性。采用 PESTL 分析，基于地方政府党代会报告、政府工作报告及已有相关研究等，梳理得到近些年地方政府职能转变的外部情境分析结果，见表 3.1。当前，我国处于经济、社会双重转型期，从计划经济体制转向市场经济体制，从传统的农业社会转向现代的工业社会（厉以宁，2013）。地方政府的外部环境发生着改变，呈现出一些新的特征，导致地方政府现行职能模式出现不适应和制度冲突问题。政治体制改革、民主化进程要求地方政府提高责任意识、实现公开化、增强对民众的回应性；经济体制改革、经济发展水平提高、经济结构调整要求地方政府减少微观管理、加强宏观调控和市场监管；人民生活水平提高、国民素质提高、社会矛盾增多要求地方政府加强社会管理、提高公共服务能力和水平；科技进步、信息技术应用要求地方政府提高效率，应对科技发展带来的新问题（如网络管理）；法律法规体系完善、社会法治意识提高要求地方政府治理权力任性，提高依法行政水平；对外开放水平提高，要求地方政府适应国际环境，与国际规则接轨。转型期的新形势、新要求，导致地方政府适应旧环境的结构和过程变得无效，与变化了的政治、经济、社会等体制、机制之间出现冲突和矛盾，引发地方政府职能转变的需要，推动地方政府转变职能。文献调研发现，关于政府职能转变动力的 50 篇文献[①]中，有 10 篇（20%）指出政治环境的变化是地方政府职能转变的动力，有 28 篇（56%）指出经济环境的变化是政府职能转变的动力，有 22 篇（44%）指出社会文化环境的变化是政府职能转变的动力，有 7 篇（14%）指出技术环境的变化是政府职能转变的动力，有 2 篇（1%）指出法律环境的变化是政府职能转变的动力。对公务员的访谈结果，也肯定了经济、社会转型是地方政府职能转变的重要动力。

表 3.1　地方政府职能转变的外部情境分析结果

情境	主要特征
政治环境	政治体制改革稳步推进；政治生活民主化程度不断提高；民生领域得到越来越多的关注
经济环境	经济体制改革不断推进；现代市场体系不断健全；经济持续快速发展；经济结构优化调整；城镇化水平不断提高；对外贸易规模不断扩大
社会文化环境	人民生活水平不断提高；国民素质不断提高；非政府组织蓬勃发展；社会矛盾冲突增多；对外交流合作不断增多
技术环境	科技发展水平不断提升；技术创新能力进一步提高；信息技术应用更加广泛
法律环境	法律法规体系不断完善；社会法律意识不断增强；司法体制和工作机制进一步完善

① 在 CSSCI 中，以“政府职能转变”为关键词检索得到文献 157 篇，从中进一步筛选得到关于政府职能转变动力的文献 50 篇。检索日期为 2016 年 1 月 9 日。

（二）内部情境

ACCRE 方法是根据组织目的分析组织资源的效率和效果的一种方法。资产是指组织拥有或控制的能为组织带来经济利益的要素；能力是指组织将各种要素转化为产品或服务的能力；竞争力是指组织能够比其他组织更有效地提供产品和服务的能力；资源是指组织拥有或控制的各种要素。从资产来看，地方财政收入和支出一直保持持续增长。2015 年，地方财政预算收入达到 83 002.04 亿元，地方财政预算支出达到 150 335.62 亿元，占国内生产总值（gross domestic product，GDP）的比例分别达到 12.11%、21.93%，同比增长 9.39%，16.34%[①]。近年来，地方政府面临财政压力，财政收入增长速度减缓，而财政支出呈现刚性增长，收支矛盾进一步凸显。中国社会科学院发布的《中国国家资产负债表 2015》显示，截至 2014 年末，地方政府总资产 108.2 万亿元，总负债 30.28 万亿元，净资产 77.92 万亿元，总体上地方债务风险可控，但债务增速较高，存在流动性风险和局部风险，风险敞口正在扩大。从资源来看，地方政府下设多个部门，拥有相当数量的行政权力及工作人员。省级、地级、县级地方政府的部门数目多在 10～60，公开的行政权力事项数目在 1000～5000[②]。樊鹏（2015）估计 2009 年全国省级以下地方政府的公职人员总体数量约 4700 万，占总人口的比例约为 3.5%。以浙江省桐乡市为例，其下设编办、金融办、民政局、财政局、经信局、教育局、科技局、国土资源局、文化局等 40 个部门，公开的县（市、区）保留的行政权力有 3988 项，机关单位从业人数为 4769 人[③]。对于地方政府拥有的庞大资源，有批评指出地方政府存在机构臃肿、行政权力事项过多、人员冗杂等问题。从能力来看，地方政府有强大的内部管理及经济社会管理能力，但效率、效果表现不佳。有批评认为地方政府存在成本高昂、效率低下、官僚主义、寻租腐败等问题，同时，面对经济下行压力、社会矛盾凸显、环境破坏、资源短缺等现代经济社会发展中的负面问题，地方政府未能够有效遏制和解决，进而引发民众对地方政府的满意度和信任度下降，损害地方政府形象

① 数据来源：《中国统计年鉴 2016》。

② 基于地方政府权力清单公开信息估算。

③ 数据来源：《桐乡市统计年鉴 2016》、浙江省政务服务网桐乡市站点。

及合法性基础。从竞争力来看，不同地方政府的效率、效能存在差异，府际竞争给地方政府带来压力和挑战。一些地方政府的绩效相对优异，其可能得益于改革试点创新、上级政府扶持、资源禀赋优越、领导能力出众等。此外，相较于企业、非政府组织，地方政府在公共服务供给效率及质量方面也受到批评，政府购买服务、特许经营、私有化等成为替代的选择。总结来看，地方政府面临财政、内外部管理、民众信任等多方面的绩效困境，揭示地方政府现行职能模式存在无效率和利益冲突问题，引发地方政府职能转变的需要，推动地方政府转变职能。文献调研发现，有 10 篇（20%）指出地方政府存在的各种绩效困境是地方政府职能转变的动力。对公务员的访谈结果，也肯定了地方政府存在的各种绩效困境是地方政府职能转变的重要动力。

（三）关键情境动力因素

基于前述对地方政府的内外部情境分析，并以相关文献的调研结果、对公务员的访谈结果为印证，确定转型压力、绩效困境是地方政府职能转变的关键情境动力因素。

（1）转型压力。转型压力指的是经济、社会转型导致地方政府现行职能模式出现不适应、制度冲突问题。现阶段，地方政府的政治、经济、社会文化、技术、法律等外部环境发生显著改变，其主要是由经济、社会双重转型带来的，可归纳为转型压力。

（2）绩效困境。绩效困境指的是地方政府绩效表现不佳，表明地方政府现行职能模式存在无效率和利益冲突问题。现阶段，地方政府面临的绩效困境主要包括财政压力，内外部管理失调、失控，民众对政府的不满、不信任等。

二、触发动力

触发动力与影响地方政府决策和行动的主体有关，相关主体的认知和行为促成地方政府新职能模式的引入，引发地方政府职能转变的需要。影响地方政府决策和行为的主体涉及上级党委/政府、本级政府领导层、本级政府普通工作人员、同级其他政府、下级政府、民众、企业、社会组织、专家、媒体等。在这些主体中，上级党委/政府、民众及地方党政领导是具有关键影响力的主体。

从地方政府的角色来看，其兼具代理人和自利者的双重角色（赵静等，2013）。作为上级党委/政府和民众之间的桥梁，地方政府面临双重委托代理的状况。一方面，地方政府是上级党委/政府的代理人，地方政府执行上级党委/政府下达的要求和任务，上级党委/政府对地方政府实行监督考核；另一方面，地方政府是民众的代理人，地方政府回应民众的需要和期待，解决地方经济社会发展中的现实问题，民众对地方政府的决策和行动存在影响。地方政府的决策和行动还受到其自身意志及利益的影响，尤其是拥有正式权力和权威的地方党政领导。文献调研表明，有 20 篇（40%）指出上级党委/政府是地方政府职能转变的动力；有 18 篇（36%）指出民众是地方政府职能转变的动力；有 10 篇（20%）指出地方党政领导是地方政府职能转变的动力。相较于其他主体（如下级政府、专家、媒体等），这三类主体在文献中的出现频次相对较高。对公务员的访谈结果，也肯定了上级党委/政府、民众及地方党政领导的认知与行为是地方政府职能转变的重要动力。

（一）上级党委/政府

党的十八大报告提出“深化行政审批制度改革，继续简政放权，推动政府职能向创造良好发展环境、提供优质公共服务、维护社会公平正义转变”。党的十八届三中全会提出“必须切实转变政府职能，深化行政体制改革，创新行政管理方式，增强政府公信力和执行力，建设法治政府和服务型政府”。政府职能转变是中央的决策部署，是全面深化改革的重点和核心任务。根据十八大和十八届三中全会精神，十二届全国人大会议通过《国务院机构改革和职能转变方案的决定》（以下简称《方案》），基于《方案》，出台《关于实施〈国务院机构改革和职能转变方案〉任务分工的通知》，明确了 2013～2017 年实施《方案》的工作任务。改革从中央政府起步，之后延伸到地方各级政府。同年 8 月，召开的中共中央政治局会议审议通过《关于地方政府职能转变和机构改革的意见》（以下简称《意见》），提出“要把职能转变作为改革的核心、把深化行政审批制度改革作为重要抓手和突破口，继续简政放权，增强经济发展内生动力”。同时，要求“充分发挥地方政府积极性，鼓励地方因地制宜、从实际出发进行改革探索，大胆创新”。根据中央《意见》，各省级政府陆续出台政府职能转变的意见和实施方案，推进省级层面的政府职能转变工作，并支持推动市县级政府、区/街道/镇/乡政府开展政府职能转变改革工作。在省级层面改革的基础上，市县级政府出台意见和实施方案，开展市县级政府层面的政府职能转变工作，并支持推动区/街道/镇/乡政府开展政府职能转变改革工作。对于地方政府职能转变，上级政府部署工作目标、工作任务，要求地方政府推进政府职能转变，鼓励地方政府开展政府职能转变的改革探索，为地方政府职能转变指引方向并提供支持，还对工作进展与成效进行考核，通过强化检查考核，推动地方政府落实政府职能转变工作。由此，可以认为地方政府职能转变主要是从中央政府到省级政府再到市县级政府、区/街道/镇/乡政府的自上而下的改革，遵循上级党委/政府的要求和部署，存在很大的共性。同时，在上级党委/政府的鼓励和支持下，地方政府发挥能动性，因地制宜，开展创新性改革，探索政府职能转变的有效路径。

（二）民众

随着经济社会的发展，民众的收入和生活水平显著提高。2016 年，我国人均 GDP 达到 8866 美元，一些发达地区的人均 GDP 已超过 1.5 万美元，进入中等收入国家行列。与此同时，民众的个体素质提高，价值观念也发生着改变，参与意识和权利意识增强，在政治生活中要求并越来越多地拥有话语权和影响力，也更积极地向政府表达和反映利益诉求。民众对于政府有更高的要求和期望，具体包括降低政府成本、提升政府效率、提高政府透明度、改进机关作风、加强依法行政、杜绝权力滥用和官员腐败、推动民主决策、扩大公民参与、促进经济持续健康发展、维护社会公平正义、提供优质的公共服务、增进民生福祉、保护生态环境、治理环境污染等。民众对政府的诉求见于人大、政协会议的提案、议案和建议，媒体报道，对政府工作的意见建议，民意调查等。地方政府现行职能模式与民众的要求和期望存在一定差距，无法满足民众的需要，地方政府职能转变成为民众的普遍要求。民众对地方政府职能转变的诉求，通过各种渠道进入政府系统，对政府形成压力和挑战。一方面，政府的目标是实现公共利益，关注并回应民众诉求是基本要求和应尽责任；另一方面，缺乏回应性、不能满足民众需要的政府遭遇民众的不满与批评，影响政府形象及其合法性基础。虽然当前我国的公共权力配置，主要以政府为中心，公民社会发展相对不成熟、不充分，民众的参与广度和深度有限，但是民众诉求对政府决策与行为的影响力不容忽视，是地方政府职能转变的重要动力，并随着社会进步、民主进程，将发挥越来越重要的作用。

（三）地方党政领导

地方政府在政府内部管理、制定和执行公共政策、管理地方事务和提供公共服务等方面具有一定的独立性和自主性。地方党政领导作为地方政府的主要管理者，在地方政府运作中扮演着关键角色。对于上级党委/政府明确部署的工作任务，地方党政领导的重视和支持影响任务是否能得到有效贯彻落实；对于上级党委/政府未明确部署但鼓励地方政府进行改革探索或交由地方政府自主决策的事项，地方党政领导的认知和行为对于地方政府活动起到决定性作用。地方党政领导推动地方政府职能转变主要有两种动机。一是出于社会责任感。地方党政领导有为地方经济社会发展做贡献、为地方民众谋福祉的抱负。面对政府存在的绩效困境、实际工作中遇到的问题、民众的诉求及促进地方经济社会发展的需要，产生改变政府现行职能模式、引入新职能模式的想法，进而支持和推动政府职能转变。通过推进政府职能转变，解决实际问题，提升政府效能，促进地方经济社会发展，提高民众对政府的满意度和信任度。二是出于名利动机。地方党政领导希望获得晋升、声望等。在上级党委/政府重视和鼓励地方政府职能转变的背景下，积极推动政府职能转变，创造个人政绩，以获得上级提拔及政治声望。该种动机在现实中有可能使地方政府职能转变沦为“政绩工程”（李景鹏，2007；杨雪冬，2008）。现实中，存在着这样的状况，主要党政领导的职务调动影响地方政府职能转变的做法和持续性。领导新上任，改变原有的思路和措施，采取新的思路和措施。离任后，若是晋升了并且对原任职政府具有影响力，那么原有的思路和措施容易持续下去，若是调任了，则有可能“人走政息”。

（四）关键触发动力因素

基于前述对影响地方政府决策和行动的关键主体分析，并以相关文献的调研结果、对公务员的访谈结果为印证，明确政绩导向、民众诉求、领导推动是地方政府职能转变的关键触发动力因素。

（1）政绩导向。上级党委/政府推动地方政府转变职能。上级党委/政府部署地方政府转变职能的目标和任务，并鼓励地方政府探索职能转变的有效路径。地方政府在上级党委/政府的要求和支持下，推进政府职能转变。

（2）民众诉求。民众推动地方政府转变职能。民众对地方政府提出更高的要求和期待，要求地方政府改变现行职能模式，引入新职能模式。地方政府回应民众的诉求，推进政府职能转变。

（3）领导推动。地方党政领导推动地方政府转变职能。本级政府领导面对工作中的实际情况、上级党委/政府的要求、民众诉求等，出于社会责任感或名利动机，推进政府职能转变。

三、使能动力

使能动力与地方政府职能转变实施的具体行动有关，一些具体行动推动地方政府新职能模式取代现行职能模式，最终成功实现地方政府职能转变。使能动力因素的范围十分广泛，涉及领导、沟通、参与、培训、奖惩、资源配置、控制、组织文化、人力资源、组织结构、组织流程、信息系统、外部伙伴等不同内容。与情境动力、触发动力存在不同，不同的组织变革，其使能动力因素某种程度上是共通的。基于战略执行理论[①]，分析地方政府职能转变执行力的构成，并以相关文献调研和访谈研究结果为印证，确定地方政府职能转变具体的关键使能动力因素。

（一）执行力

战略执行力指的是执行并实现战略的能力，其是战略获得成功的保障。Bhyrovabhotla（2011）总结了 20 世纪 80 年代以来战略管理文献中关于战略执行的经典框架和模型（表 3.2）。国内有代表性的研究有薛云奎等（2005）提出

① 基于战略执行理论明确地方政府职能转变的使能动力因素基于以下考虑：一是战略执行领域的研究成果较为成熟，对于战略执行力的构成有很多可供借鉴的理论模型；二是战略是指自上而下的整体性规划，地方政府职能转变是自上而下的有计划变革，在某种程度上可被认为是一种战略执行。

的“战略共识、战略协同、战略控制”的三维战略执行框架。徐万里等（2008）提出企业战略执行力包括三个维度，即战略维度，包括战略制定、战略分解、战略监控；企业制度，包括人力保障、人才使用、考核激励、组织协作；企业文化，包括理念文化、公正文化、激情文化。杨丽等（2009）基于文献梳理，指出战略执行的重要影响因素包括执行者、沟通、执行策略、共识、承诺、组织结构、管理系统、战略制定及不同组织层面、战略层次间关系。总结来看，学者对战略执行力的构成有不同的观点和看法，在研究中采取对相关要素进行取舍和组合，提出的框架和模型中包含的要素存在差异。在综合国内外已有研究的基础上，采取薛云奎等（2005）提出的战略执行力框架作为地方政府转变执行力构成的分析框架。该框架对一些细分要素进行了合并，例如，将结构、流程、资源配置、信息系统、人力资源管理等都纳入战略协同这一要素中，涵盖全面的同时避免了要素数量过多，造成后续构建的地方政府职能转变动力机制的概念模型过于复杂。地方政府职能转变的执行力包括共识、协同、控制三个方面。相关文献的调研结果和对公务员的访谈结果也肯定了共识、协同、控制是地方政府职能转变的重要动力。

表 3.2　战略执行的经典框架和模型

因素 文献	环境	结构	权力	激励/奖励	控制	调整的子目标	计划	资源配置	评估	竞争力	沟通	学习/培训	外部伙伴
Bower 和 Gilbert（2005）	Y	Y	Y	Y		Y		Y	Y	Y	Y		
Joyce 和 Hrebiniak（2005）		Y		Y	Y	Y	Y		Y	Y	Y		
Okumus（2001）	Y	Y	Y	Y	Y		Y	Y	Y		Y	Y	Y
Feurer 等（1995）	Y		Y	Y		Y	Y		Y		Y	Y	
Miller（1997）		Y	Y				Y	Y		Y	Y	Y	
Skivington 和 Daft（1991）		Y	Y	Y	Y			Y	Y		Y		
Klein 和 Sorro（1992）			Y	Y						Y	Y	Y	
Nutt（1987）			Y		Y						Y		
Bromiley（1993）	Y		Y	Y	Y			Y	Y	Y	Y		Y
Hart（1992）	Y	Y	Y		Y								
Govindarajan（1984）	Y	Y	Y		Y						Y		
Argyris（1989）												Y	

续表

因素 / 文献	环境	结构	权力	激励/奖励	控制	调整的子目标	计划	资源配置	评估	竞争力	沟通	学习/培训	外部伙伴
Roth 和 Morrison（1992）	Y				Y					Y			
Hambrick 和 Canella（1889）		Y	Y	Y	Y			Y	Y		Y	Y	
Bourgeois 和 Brodwin（1984）	Y	Y	Y	Y					Y		Y		
Waterman 等（1980）		Y	Y		Y		Y	Y		Y	Y		

资料来源：Bhyrovabhotla，2011

（1）共识。改革开放 40 年伴随着认知分歧与论争，包括初期的是“两个凡是”还是改革开放，20 世纪 80 年代中后期的商品经济和反资产阶级自由化，20 世纪 90 年代的姓“资”还是姓“社”、姓“公”还是姓“私”（唐昊，2014）。分歧与论争的结果是形成共识，然后得以破除改革阻力，推进改革并获得成功。十八大以来，全面深化改革是中央新时期、新形势下的战略部署，地方政府职能转变是全面深化改革的主要任务和重点内容。地方政府职能转变的共识，从内容层面来看，是对地方政府职能转变的目标、任务、具体路径的了解和认同；从主体层面来看，主要包括内部共识（政府工作人员对地方政府职能转变的了解和认同）、外部共识（民众对地方政府职能转变的了解和认同）。地方政府职能转变既是自上而下的战略部署，同时也有地方的试验探索。由此，共识主要是从中央向地方传递，从政治精英向政府普通工作人员、民众传递，同时地方政府、政府普通工作人员、民众也存在向上反馈，交互传递后形成共识。交互传递的过程，涉及领导、沟通、参与等行动。领导层面，涉及领导讲话、红头文件等。沟通层面，涉及会议、媒体宣传、非正式沟通等。参与层面，涉及基层政府参与、政府普通工作人员参与、民众参与等。当前，对于地方政府职能转变，目标、任务已有基本共识，但对于具体路径，仍存在一些争议。同时，基层政府、政府普通工作人员、民众对地方政府职能转变的了解度与参与度仍有待提高。

（2）协同。地方政府职能转变是一个复杂的系统工程，涉及地方政府管理活动的方方面面。例如，地方政府出于加强公共服务职能、推进服务型政府建设的目的，建立行政审批服务中心。建立行政审批服务中心，首先是对地方政府组织结构和工作流程的调整，行政服务中心是新建立的机构，原先分散于各职能部门的行政审批项目要集中于服务中心办理；其次是对资源配置的调整，行政服务中心的运作需要财政的支持，需要调配和招募工作人员，需要建立固定的场所；另外，也涉及人力资源管理、信息系统等其他很多方面的调整。协同度低是现实中造成地方政府职能转变失败的主要原因，缺乏协同的部分成为短板，阻碍了地方政府职能转变的推进。以简政放权为例，下级承接机构缺少必要的资金和人力，下放的权力成为负担，同时上级对下放的权力缺乏有效监管，导致出现权力滥用、真空等负面问题。良好的协同，需要围绕地方政府职能转变的目标与任务，进行总体部署，推进全面变革、系统变革，调整相关管理活动，涉及结构与流程、资源配置、人力资源管理、信息系统等多个方面，使得相关管理活动互相衔接、互相匹配，共同推动政府职能转变的实现。

（3）控制。地方政府职能转变从愿景、计划、沟通、变革、巩固到制度化，需要一定的时间实施完成。以政府职能转变与机构改革工作为例，一轮的实施期限有3～5年。在地方政府职能转变的过程中，会出现偏差，也会出现各种可预见的或预期外的问题和障碍，导致地方政府职能转变失败。需要对地方政府职能转变过程进行控制，其是有效执行以获得成功的保障。过程控制主要包括三方面的内容：一是计划，通过制定清晰具体、可操作性强的计划，明确地方政府职能转变的目标、任务、具体路径及责任分工等，有序推进地方政府职能转变，同时为评估和反馈提供基准；二是考核，通过开展科学、有效的评估，了解地方政府职能转变实施的进展情况及存在的问题，提供解决存在的问题及进一步推进实施的方案和建议；三是反馈，基于评估结果，调整地方政府职能转变实践，解决存在的问题，对相关人员进行奖惩，提升地方政府职能转变的实施效率、效果。当前，对于地方政府职能转变，尚缺乏严格的过程控制，实践中存在形式主义、推进缓慢、责任模糊、方向偏差等问题，尤其是对于一些侵害相关部门、个体既得利益的地方政府职能转变具体措施的实施，需要严格、精准的控制，以遏制阳奉阴违、边改边回潮的现象。

（二）关键使能动力因素

基于前述对地方政府职能转变执行力构成的探讨，并以相关文献的调研结果、对公务员的访谈结果为印证，明确共识构建、组织协同、过程控制是地方政府职能转变的关键使能动力因素。

（1）共识构建。通过领导、参与、沟通等手段，相关主体（包括政府工作人员、民众等）对地方政府职能转变有共同的认识和承诺。

（2）组织协同。通过对结构与流程、资源配置、人力资源管理、信息系统等多个方面进行调整，地方政府管理活动与地方政府职能转变相协调和配合。

（3）过程控制。通过计划、考核、反馈等手段，对地方政府职能转变进行有效规划、监控及调整。

第三节　研究假设与概念模型

本章第二节明确了地方政府职能转变具体的关键动力因素。本节基于组织变革理论及已有的相关研究，分析这些动力因素之间及这些动力因素对地方政府职能转变的影响，提出具体的研究假设，在此基础上，构建本书研究的概念模型。需要说明的是，所提出的研究假设及构建的概念模型反映的是地方政府职能转变动力机制的主路径。本研究聚焦于主路径，一方面，试图深入地解析和揭示地方政府职能转变的关键动力机制；另一方面，便于后续的实证检验。本研究拟采用结构方程模型分析方法进行实证检验，过于复杂的概念模型不利于进行结构方程模型分析。

一、研究假设

（一）情境动力

1. 转型压力

外部环境变化被认为是组织变革的重要动力因素（Nadler and Tushman，1977；Burke and Litwin，1992；Greenwood and Hinings，1996；Pettigrew et al.，

2000；Seo and Greed，2002；Colombo and Delmastro，2002；罗宾斯和贾奇，2012；Jacobs et al.，2013）。组织是一个开放系统，与外部环境之间存在交换关系。外部环境是动态变化的，要求组织进行变革，以适应外部环境的改变。静态的、不适应外部环境发展变化的、不进行变革的组织是难以生存与发展的。已有的实证研究也证实了外部环境压力对组织变革有着推动作用，很多组织变革是对外部环境变化的响应（Armenakis and Bedeian，1999）。外部环境变化影响相关主体对组织变革的认知与行为（Greenwood and Hinings，1996；Breu and Benwell，1999；Kezar，2001；Armenakis and Harris，2009）。诸如社会动荡、技术变革、竞争环境变化、规制变化等外部环境变化，影响相关主体认知，导致新想法、新模式的引入（Battilana et al.，2009）。基于组织变革社会认知理论，主体认知的实质是对信息的加工，外部情境变化是影响主体对组织变革认知的输入信息之一。不同主体对外部情境变化会有不同的解释，结合其他相关信息，判断推理进而形成对是否需要变革、需要何种变革及变革需要是否紧迫的认知。主体对组织变革的认知影响主体行为。在认知的影响下，主体有目的地进行干预，以推动和实现所期望的组织变革（Kezar，2001）。已有的实证研究也证实了外部环境变化影响相关主体对组织变革的认知与行为。例如，Breu和 Benwell（1999）基于对德意志民主共和国 61 家企业的管理者的深度访谈，考察了国家转型过程中个体的认知与行为变化，研究发现个体经历多个阶段回应外部环境的剧烈变化。张婧和段艳玲（2013）基于对制造型企业的问卷调查，研究发现经济转型过程中伴随的强制性制度压力、规范性制度压力、模仿性制度压力对企业领导者的认知和行为有正向影响。转型压力对地方政府来说，是一种外部环境变化。在转型初期，地方政府的职能模式对当时的经济社会环境具有合理性，但随着经济、社会转型，职能模式与外部宏观环境之间变得越来越不相适应和匹配，与政治、经济、社会等其他体制、机制之间出现冲突与矛盾，引发政府职能转变的需要。转型压力对政绩导向、民众诉求、领导推动有着正向影响。从政绩导向来看，上级党委/政府的执政理念、施政理念呈现与时俱进的特征，随经济社会发展发生转变，是审时度势的产物。面对转型期的新形势、新情况，上级党委/政府认识到需要全面深化改革，并将加快转变政府职能作为改革的重要内容，进而推动地方政府转变职能（周志忍，2006；唐铁汉，

2009；丁任重，2013）。从民众诉求来看，民众对政府的要求和期待随经济社会发展而变化。随着经济发展水平、人民生活水平及对外开放度的提高，民众低层次的需求得到满足、需求层次普遍提高，对地方政府的管理和服务提出了更高的要求和期待，希望政府提高管理效能及提供优质的公共服务，导致对地方政府现行职能模式产生不满，进而推动地方政府转变职能（胡佳，2009；郭明，2014）。从领导推动来看，地方党政领导对具体工作的支持和推动随经济社会发展而发生改变。面对转型期地方经济社会发展的新情况、新问题，地方党政领导认识到地方政府职能转变的需要，进而推动地方政府职能转变（陈雪莲和杨雪冬，2009；郭明，2014）。由此，提出假设 H1a、H1b、H1c。

H1a：转型压力对政绩导向具有显著的正向影响。

H1b：转型压力对民众诉求具有显著的正向影响。

H1c：转型压力对领导推动具有显著的正向影响。

2. 绩效困境

组织变革是解决组织绩效困境的重要工具。当组织面临诸如组织膨胀、效率低下、机能失效、权力异化、沟通阻塞、缺乏创新等各种绩效困境时，会诉诸结构、技术、管理制度、物理环境、人员等不同内容的组织变革。通过组织变革，解决绩效困境，保障组织的生存，促进组织的发展（Donaldson，1999；Weick and Quinn，1999；Colombo and Delmastro，2002；Seo and Creed，2002；徐全忠，2010）。基于组织变革目的理论，主体认识到组织存在问题、需要改进绩效，从而推动组织变革（Frohman，1998；Kezar，2001；Seo and Creed，2002）。组织变革的活动研究（action research）是典型的以问题为导向的组织变革过程。变革推动者从各种渠道收集信息，诊断和分析组织存在的问题，确定变革方案，进而采取具体行动推进变革，解决所发现的问题（罗宾斯和贾奇，2012；Cummings and Worley，2014）。已有的实证研究也证实了绩效困境影响相关主体对组织变革的认知与行为。例如，Boeker（1997）、Ketchen 和 Palmer（1999）进行的实证研究均支持不良绩效对组织战略变革有推动作用。Greenwood 和 Suddaby（2006）基于对五大会计事务所的案例研究，研究指出不良的业绩表现（缓慢不明朗的增长率），引发组织从单纯提供审计服务到提供多元服务的逻辑转换，提高了组织采取替代逻辑的动机、意识及开放性。地方政府职能转变是解决地方政府所面临的绩效困境的重要手段和途径（周志忍，1995；吴志华，2013）。当前，地方政府或多或少存在着以下问题，包括职能越位、缺位、错位，依法行政水平不高，决策不够科学、民主，民众对政府管理的参与度较低，官僚主义作风，机构设置和人员配置不合理，成本较为高昂，行政效率较为低下，财政压力和债务风险增大，运作透明度较低，铺张浪费、寻租腐败，社会管理和公共服务水平不高，民众对政府的信任度和满意度下降等。这些绩效困境的存在损害了地方政府的合法性基础，影响了地区的竞争力，亟待采取有效的措施消除绩效困境。绩效困境对政绩导向、民众诉求、领导推动都有着正向影响。从政绩导向来看，上级党委/政府提出的全面深化改革的总体部署有着强烈的问题意识和问题导向。上级党委/政府认识到地方政府存在绩效困境，为解决绩效困境，进而推动地方政府转变职能（唐铁汉，2009；黄刚，2015）。从民众诉求来看，民众面对地方政府存在的绩效困境，对政府产生不满，进而推动地方政府转变职能（杨学渊，2001；李景鹏，2007）。从领导推动来看，地方党政领导面对实际工作中遇到的绩效困境，产生解决绩效困境、提升政府效能的想法，进而推动地方政府转变职能（李景鹏，2007；杨雪冬，2011）。由此，提出假设 H2a、H2b、H2c。

H2a：绩效困境对政绩导向具有显著的正向影响。

H2b：绩效困境对民众诉求具有显著的正向影响。

H2c：绩效困境对领导推动具有显著的正向影响。

（二）触发动力

1. 政绩导向

影响组织决策与行为的相关主体的态度、期望、观念、行为等是组织变革的重要动力（Greenwood and Hinings，1996；Seo and Creed，2002；袁凌，2004；张德，2008；Cummings and Worley，2014）。例如，相关主体要求组织以人为本、柔性管理，而组织却强调理性、漠视情感，主体诉求与组织现状之间出现矛盾/冲突，对组织不满的主体要求和推动组织变革，引发组织变革的需要。影响组织决策与行为的相关主体可成为组织变革推动者。变革推动者的作用包括明确变革内容、推动变革引入、沟通变革需要、增强组织成员对变革的认同与承诺、减少和消除变革阻力、支持和推进变革实施等（Weick and Quinn，1999；Self et al.，2007；Walker et al.，2007；Armenakis and Harris，2009；Battilana and Casciaro，2012）。已有很多实证研究证实了影响组织决策与行为的相关主体对组织变革的重要影响。例如，Stelzer 和 Mellis（1998）基于对 56 家软件企业的案例研究与经验报告，研究指出变革推动者是组织变革成功的重要因素。Hammerschmid 和 Meyer（2003）考察了澳大利亚的行政改革过程，研究得到影响行政改革的相关主体有政府、政治领袖、高级官员、预算单位、议会、人事单位、雇员、公众、审计机关、雇员代表、外部利益集团、顾问，不同主体对行政改革的影响力存在差异。对于地方政府来说，上级党委/政府是影响其决策与行为的重要主体，也是地方政府职能转变的重要推动者。对下级政府进行有效引导与控制是上级党委/政府履行职能的基础和前提。政绩导向具体体现在改革战略部署、意见方案及对改革的支持、嘉奖等多个方面。一方面，上级政府面对前期改革的进展、成效，新形势、新环境提出的任务和要求，以及实际中存在的绩效困境及民众诉求，做出推进地方政府职能转变的战略部署，地方政府贯彻落实上级政府的方针政策和工作任务，进而推动政府职能转变；另一方面，上级政府鼓励和支持地方政府探索政府职能转变的有效路径，为地方政府进行相关改革探索提供政治保障和实践空间。政绩导向对领导推动有着正向影响。在“晋升锦标赛”和现行的官员考核及升迁机制之下，地方党政领导的人事权归于上级政府，政绩考核主要是自上而下的，政绩考核结果影响官员的提拔与晋升，强化了地方党政领导“对上负责”、让上级满意的行为导向（周黎安，2007；陈国权和黄振威，2010）。上级政府要求、鼓励和支持地方政府职能转变，地方党政领导出于个人利益，有强烈的动机遵循上级政府的要求，推动地方政府转变职能。通过有效推进政府职能转变工作，创造政绩，获取优异的考核成绩，进而得到提拔晋升（吴建南等，2007；杨雪冬，2008）。由此，提出假设 H3a。政绩导向对共识构建、组织协同、过程控制有着正向影响。地方政府虽然有一定的管理自主权，但其权力来源于上级政府的授予或特许，上级政府通过立法控制、行政控制、财政控制、人事控制、司法控制等多种手段，对地方政府运作有着控制力（熊文钊，2005）。上级政府要求、鼓励和支持地方政府职能转变，有助于地方政府顺利推进共识构建、组织协同、过程控制等与政府职能转变相关的具体行动（罗峰，2011；郭明，2014）。由此，提出假设 H3b、H3c、H3d。

H3a：政绩导向对领导推动具有显著的正向影响。

H3b：政绩导向对共识构建具有显著的正向影响。

H3c：政绩导向对组织协同具有显著的正向影响。

H3d：政绩导向对过程控制具有显著的正向影响。

2. 民众诉求

民众也是影响地方政府决策与行为的重要主体，是地方政府职能转变的重要推动者。政府的合法性基础源于民众的同意，政府与民众之间存在着委托-代理关系，政府有责任回应社会需求和公民诉求，民众在与地方政府的互动中，扮演着服务对象、顾客、被管制者、参与者、诉讼当事人、基层公务员等多种不同角色，经由多种渠道对政府有着影响力（罗森布罗姆和克拉夫丘克，2002）。民众诉求对地方政府职能转变有着正向影响。随着经济社会环境的发展变化、民主进程的不断推进及对外开放程度的提高，民众面对地方政府目前存在的种种绩效困境，一方面对政府产生不满，政府绩效困境给其带来困扰和利益损失；另一方面对政府提出了更高的要求，希望政府提高管理和服务水平。进而，通过各种方式、各种渠道向政府施加压力，推动地方政府转变职能，解决绩效困境，提高管理和服务效能（杨学渊，2001；李景鹏，2007；周志忍，2010）。民众诉求对政绩导向、领导推动有着正向影响。从政绩导向来看，以人为本是改革开放的重要价值取向，是科学发展观的核心要义，民众的利益与需求是改革的出发点和落脚点，群众路线是改革的基石和必然要求。上级党委/政府提出全面深化改革并将政府职能转变作为重要内容，是对民众关注的热点问题的回应，也是对民众期盼和呼吁的回应。民众要求政府转变职能，解决存在的绩效困境，提高管理和服务水平，上级党委/政府顺应民意，满足民众的利益诉求，进而推动地方政府转变职能。从领导推动来看，民意影响地方党政领导的认知与行为。民众通过人大、政协、新闻媒体、社会组织、政府网站、政府热线、政府信箱等多元渠道表达利益诉求，让地方党政领导了解其利益诉求，施加压力和影响，促使地方党政领导就民众关切的问题做出回应。地方党政领导面对民众对政府的批评与不满，以及民众对政府提出的新的、更高的要求和期待，认识到政府现行职能模式存在问题，出于社会责任感、为民众谋福利等动机，回应民众的诉求，进而推动地方政府转变职能。由此，提出假设 H4a、H4b。

H4a：民众诉求对政绩导向具有显著的正向影响。

H4b：民众诉求对领导推动具有显著的正向影响。

3. 领导推动

领导推动是组织变革的重要动力因素。领导在组织中拥有正式的权力和权威，其决定组织资源的配置并且是其他组织成员的榜样。领导可以作为组织变革的重要推动者，推动组织变革的引入和实施，为推进组织变革提供支持，其在构建组织变革的合法性、增强组织成员对组织变革的认同和承诺、破除变革阻力及落实变革具体措施中扮演着关键角色。领导推动是组织变革获得成功的保障，缺乏领导支持的组织变革将会遭遇失败（Hinings et al.，1991；Taylor-Bianco and Schermerhorn，2006；Fernandez and Rainey，2006；Gilley et al.，2009；Higgs and Rowland，2011；Jacobs et al.，2013）。已有很多实证研究证实了领导推动对组织变革的重要影响。例如，Ogbonna 和 Harris（1988）对组织结构变革进行了案例研究，以 Zenith 公司为研究对象，通过对领导和雇员的半结构深度访谈、档案资料以非参与式观察等方式收集资料，采用发现导向的分析方法，研究指出领导对变革理念的推销、对变革的承诺与支持等推动组织实现结构变革。张婧和段艳玲（2013）基于对制造型企业的问卷调查，研究发现领导的危机变革意识、示范作用对市场导向组织变革有显著的正向影响。在我国现行的政府管理体制下，地方党政领导对地方政府活动有着决策权和管理权。地方党政领导的责任心和进取心是地方政府改革的直接动力，领导的重视和支持是地方政府改革的重要保障。领导面对实际工作中的新情况及政府存在的弊病，面对上级党委/政府的要求、民众的诉求，出于社会责任感或想要获得晋升、声望等动机，产生转变政府现行职能模式的想法，进而推动地方政府转变职能（李景鹏，2007；吴建南等，2007；杨雪冬，2008；郭明，2014）。领导推动对共识构建、组织协同、过程控制有着正向影响。地方党政领导作为地方政府的管理者，其对地方政府职能转变的重视和支持有助于顺利开展共识构建、组织协同、过程控制等相关行动。从共识构建来看，地方党政领导重视、支持地方政府职能转变，传递地方政府职能转变的相关信息（目标、任务、重要性等），与政府工作人员及民众进行积极的沟通，有助于提高政府工作人员及民众对地方政府职能转变的了解与认同，凝聚改革共识。从组织协同来看，地方党政领导重视、支持地方政府职能转变，统筹协调政府职能转变工作，有助于促进上下级政府及政府部门之间的协调配合，协同推进机构与流程、资源配置、人力资源、信息系统等多方面的调整，实现系统变革。从过程控制来看，地方党政领导重视、支持地方政府职能转变，对政府职能转变工作进行总体规划和检查考核，对推进过程中出现的各种偏差与问题是否得到及时纠正进行督查，通过奖惩手段激励相关人员积极推进地方政府职能转变，有助于地方政府职能转变的有效落实。由此，提出假设 H5a、H5b、H5c。

H5a：领导推动对共识构建具有显著的正向影响。

H5b：领导推动对组织协同具有显著的正向影响。

H5c：领导推动对过程控制具有显著的正向影响。

（三）使能动力

1. 共识构建

共识构建是组织变革有效执行的重要动力因素。组织变革需要得到组织成员及其他利益相关者的接受和认同。共识程度越高，组织变革执行的效果越好。组织成员及其他利益相关者对组织变革缺乏共识，会导致组织变革实施的失败（薛云奎等，2005；Oakland and Tanner，2007；Brenner，2008；Palmer and Dunford，2008；Whelan-Berry and Somerville，2010）。从组织内部来看，组织成员对组织变革缺乏了解和认同，会造成个体的行动缺乏彼此协调和配合，在推进组织变革的过程中产生摩擦和冲突，制约和阻碍变革的推进，进而造成变革目标无法达成（Guth and Macmillan，1986；Floyd and Woolridge，1992）。从组织外部来看，组织外部利益相关者对组织变革缺乏了解和认同，会导致影响和支持变革执行的外部要素遭到阻碍和破坏，进而影响组织变革的推进和实现（Neilson，

1983；Kaufman，1990）。已有的实证研究证实了共识构建对组织变革的推动作用。例如，Shum 等（2008）采用探索性研究方法，基于对 13 位银行管理者和雇员的深度访谈研究，以客户关系管理（customer relationship management，CRM）实施为研究对象，研究得到组织雇员对变革的承诺对组织变革的成功实施有着正向影响。Meyer 等（2007）基于对加拿大某公用事业公司放松管制变革及印度某公司经历的重组变革两个案例的研究，研究得到组织成员对变革的承诺与支持是组织变革得以有效执行的重要因素。共识构建对地方政府职能转变有着正向影响。通过领导、沟通、参与、培训、仪式等各种具体行动，凝聚改革共识，增进政府工作人员和民众对地方政府职能转变的了解，增强其对地方政府职能转变的认同与承诺，进而促使政府工作人员和民众支持并合力推进地方政府职能转变，最终成功实现地方政府职能转变。由此，提出假设 H6。

H6：共识构建对地方政府职能转变具有显著的正向影响。

2. 组织协同

组织协同是组织变革有效执行的重要动力因素。组织变革有效执行需要组织管理活动各个方面的协调配合，协同度越高，组织变革的执行效果越好（Nadler and Tushman，1977；Burke and Litwin，1992；薛云奎等，2005；Fernandez and Rainey，2006；Whelan-Berry and Somerville，2010）。组织变革执行效果差，其中的关键原因之一是组织管理活动的各个方面缺乏协同。根据组织变革的目标和任务，一些管理活动进行了调整，而另一些管理活动未进行相应的调整，导致衔接不畅，组织功能出现失调、失控，制约和阻碍了组织变革的推进，造成组织变革的目标无法达成。有效的组织变革执行，要求围绕变革的目标和任务，进行系统变革、全面变革，调整相关管理活动，使得组织管理活动的各个方面与组织变革相匹配。已有的实证研究证实了组织协同对组织变革的推动作用。例如，薛云奎等（2005）基于问卷调查，研究发现组织结构设置、决策权分配、人力资源管理、信息系统管理等组织基础与战略的协同度对战略变革的执行效果有显著的正向影响。张婧和段艳玲（2013）基于对制造型企业的问卷调查，研究发现人力资源管理（基于市场的薪酬、基于市场的培训）、组织架构（部门间联系、正式化、信息技术使用）对市场导向组织变革有显著的正向影响。组织协同对地方政府职能有着正向影响。通过机构与流程、资源配置、人力资源、信息系统等多方面的调整，推进系统变革，促使地方政府各个方面的管理活动与新的政府职能模式相适应，从而推进并成功实现地方政府职能转变。由此，提出假设 H7。

H7：组织协同对地方政府职能转变具有显著的正向影响。

3. 过程控制

过程控制是组织变革有效执行的重要动力因素。组织变革的有效执行需要对变革过程及组织成员行为进行控制，防止和纠正变革过程中出现的问题与偏差，并有效激励组织成员推进组织变革（薛云奎等，2005；Oakland and Tanner，2007；Whelan-Berry and Somerville，2010；Bhyrovabhotla，2011）。过程控制越有效，组织变革的执行效果越好。对于组织变革，需要事先设定方向和轨道，指引组织变革的推进，同时将其作为变革过程追踪的基准。在组织变革的推进过程中，可能会出现一些新情况、新问题，组织成员也可能会有机会主义行为、自利行为，造成组织变革偏离事先设定的方向和轨道。若不进行有效追踪，监控组织变革的进展，督促和激励组织成员有效实施变革，并对变革过程中出现的偏差与问题进行及时纠正，会导致组织变革失败，无法达成变革目标。已有的实证研究证实了过程控制对组织变革的推动作用。例如，Simons（1994）基于对 10 位新任命的高管人员历时 18 个月的纵向研究，研究得到组织控制系统（control system）是管理组织变革的重要杠杆，除传统的测量和监控功能外，控制系统还被用来克服组织惯性、沟通新的战略议程、建立执行时间表和目标、确保持续的关注度等。薛云奎等（2005）基于问卷调查，研究发现信息控制（执行效果的追踪、执行偏差的修正）和行为控制（对员工的业绩考核及奖惩）对战略变革的执行效果有显著的正向影响。过程控制对地方政府职能转变有着正向影响。通过计划、考核、反馈等一些具体行动，促使地方政府职能转变按照计划有序推进，督促和激励相关人员积极推进地方政府职能转变，防止和纠正实施过程中出现的问题与偏差，最终成功实现地方政府职能转变。由此，提出假设 H8。

H8：过程控制对地方政府职能转变具有显著的正向影响。

二、概念模型

本书基于组织变革理论，通过文献调研及逻辑推演，得出地方政府职能转变受到情境动力因素（转型压力、绩效困境）、触发动力因素（民众诉求、政绩导向、领导推动）和使能动力因素（共识构建、组织协同、过程控制）的共同影响，这些动力因素可以直接作用于地方政府职能转变，也可以通过其他动力因素的中介作用间接作用于地方政府职能转变。由此，提出了一些具体的研究假设。综合这些研究假设，可以得到地方政府职能转变动力机制的概念模型，如图 3.7 所示。

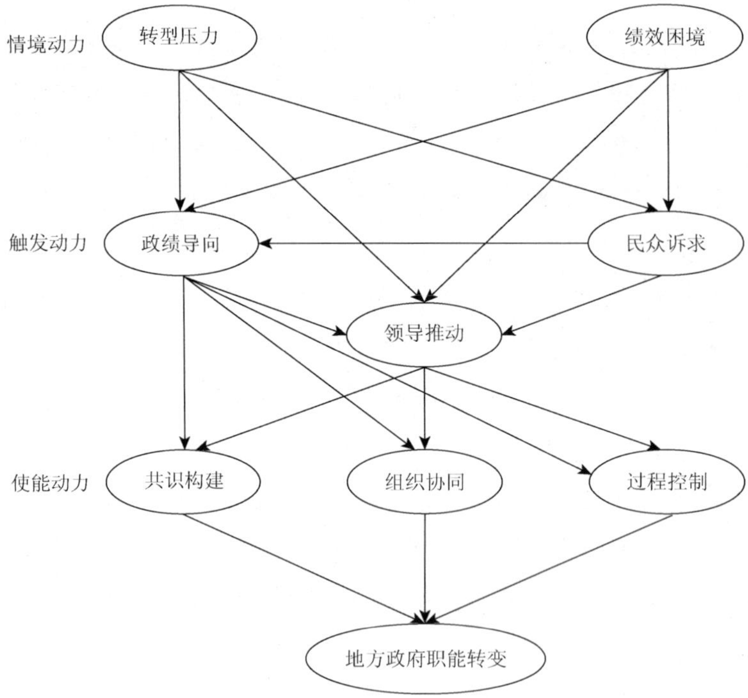

图 3.7　地方政府职能转变动力机制的概念模型

第四章　问卷设计与数据收集

前述构建的概念模型中所考察的变量，都是一些无法直接测量的复杂构念。因此，采取问卷调查法进行间接调查。本章的主要内容是确定变量的测量方法，形成调查问卷及开展实际调查。首先，基于已有的相关研究，并根据本书研究的实际需要，经由小规模访谈，确定各项变量的测量指标；然后，遵循问卷设计的原则和程序，经由预调查，对问卷进行信度和效度检验，形成最终的调查问卷；最后，确定调查对象和样本容量，发放问卷，收集数据。

第一节　问卷的设计程序与基本结构

一、问卷的设计程序

一份高质量的调查问卷，需要遵循特定的要求、程序和方法进行开发设计。问卷设计一般包括以下八项基本程序：①明确调查的目的。为什么需要开展问卷调查？需要通过问卷调查了解些什么？明确问卷调查目的是问卷设计的基础和前提。②明确调查的主题与范围。根据调查目的，确定调查内容、调查对象、样本容量、调查地点、调查时间及所需要收集的资料等。③明确问卷的框架。根据调查目的和内容，构建问卷的框架体系，明确问卷的具体形式。④制定并编排问题。根据调查目的和内容，明确调查问项，对调查问项进行检查、筛选和修订。⑤确定问题的表达方式。明确调查问项的表达方式，调查问项的表述应当清晰、明确且不存在偏向，使填答人一目了然，能够准确并愿意如实回答。⑥确定问卷的排版与布局。问卷的排版和布局应整齐、美观，便于阅读、作答和统计。⑦开展预调查。通过开展问卷预调查，对问卷进行检验，考察问卷的合理性和有效性，即是否存在问题及不合理之处，是否能有效地收集所需要的资料。⑧问卷的修订和定稿。根据预调查结果，对问卷进行修改和完善，形成最终的问卷（范柏乃和蓝志勇，2008）。

本书的研究遵循问卷设计的基本程序，开展问卷设计，重点包括：一是确定变量测量指标和测量问项（本章第二节），即基本程序④和⑤；二是进行问卷检验（本章第三节），即基本程序的⑦和⑧。

二、问卷的基本结构

一般来说，调查问卷的基本结构包括调查说明、被调查者基本情况和调查内容三部分。调查说明包括封面信和指导语，前者说明调查者的身份、调查的内容、目的、意义等，以及调查不会损害被调查者的利益、对被调查者表示感谢等，后者主要说明如何填写问卷。调查说明有助于让被调查者从心理上和感情上接受调查问卷，愿意填答，并且诚实、准确地填答，减少个体偏差发生的可能。被调查者基本情况指的是有关被调查者个人信息的问项，如性别、年龄、职业、工作单位、学历、所在地区等，通过采集被调查者的个人信息，可确认问卷填答人的代表性，保证问卷调查数据的有效性。调查内容部分是问卷的主体，通过开放式问题或封闭式问题测量被调查者的特征、行为、态度等。

本书的研究遵循调查问卷的基本结构，包括调查说明、被调查者基本情况和调查内容。在指导语部分，说明研究目的、内容、调查者身份、调查采用匿名方式并对被调查者表示感谢。在被调查者基本情况部分，调查问项包括性别、年龄、职务、学历、所在地。在调查内容部分，分为两部分，分别是对地方政府职能转变动力因素的判断和对地方政府职能转变实施状况的判断。采用利克特七点量表，请被调查者对问项的描述做出赞同程度的判断，1 表示“极不赞同”……7 表示“极其赞同”。

第二节　变 量 测 量

根据第三章确定的概念模型，本书研究中所涉及的变量可以划分为两类：一是自变量，即地方政府职能转变的动力因素——情境动力、触发动力、使能动力，其中情境动力包括转型压力、绩效困境，触发动力包括领导推动、政绩导向、民众诉求，使能动力包括共识构建、组织协同、过程控制；二是因变量——地方政府职能转变。对于所涉及的各项变量，学术界尚未建立权威的测评量表。因此，本书的研究采取以下方法：一是尽可能收集已有研究中与所涉及变量相关的测量维度和测量问项，参考和借鉴已有的研究成果；二是根据各变量的概念内涵、已有的相关研究成果及研究的实际需要，初步确定各项变量的测量维度和测量问项；三是开展小规模访谈，听取政府职能转变相关领域研究专家及公务员对各项变量的测量维度和测量问项的建议和意见，并与他们进行深入交流，修正各项变量的测量维度和测量问项，最终确定各项变量的初始测量维度和测量问项。

一、测量指标和测量问项的初步确定

（一）情境动力

1. 转型压力

借鉴洪银兴（2006）对我国发展转型的维度划分，从市场化、现代化、国际化三个维度测量转型压力[①]。关于市场化、现代化、国际化测量的文献较多。市场化测量具有代表性的指标体系如樊纲和王小鲁（2006）提出的中国市场化指数，包括政府与市场的关系、非国有经济的发展、产品市场的发育程度、要素市场的发育程度、市场中介组织的发育和法律制度环境五个维度。北京师范大学经济与资源管理研究院（2003）提出的中国市场经济程度测度指标体系，包括政府行为规范化、经济主体自由化、生产要素市场化、贸易环境公平化、金融参数合理化五个维度。现代化测量具有代表性的指标体系如朱庆芳（2001）提出的社会指标体系，包括人均国民生产总值、社会结构、人口素质、生活质量四个维度。中国现代化战略研究课题组（2001）提出的现代化评价指标，包括第一次现代化和第二次现代化两个维度，前者涉及经济指标和社会指标两大

① 关于发展转型的维度划分，存在不同的见解。例如，徐湘林（2010）认为我国面临的转型主要包括经济上的市场化进程和政治上的民主化进程两个方面；孙国民（2013）认为转型包括经济、社会、政府三个层面；厉以宁（2013）提出我国处于双重转型阶段，包括体制转型、发展转型。本书的研究采取洪银兴（2006）的维度划分，主要基于以下考虑：该维度划分涵盖内容较为全面，包含了经济转型、社会转型；该维度指向较为明确，提出了转型的具体方向。

类，后者涉及知识创新、知识传播、生活质量、经济质量四大类。国际化测量具有代表性的指标体系如科尼尔全球城市化指数，包括商业活动、人力资本、信息交流、文化体验和政治参与五个维度；安永全球化指数，包括贸易的开放程度、资本流动、文化融合、科技与意见交流及劳动力流动五个维度。借鉴前人研究中所采用的测量指标，并充分考虑之后进行问卷调查时填答人容易并能准确回答，确定具体的测量问项，见表 4.1。

表 4.1 转型压力的测量维度和测量问项

测量维度	测量问项	参考文献
市场化	民营经济持续较快发展	樊纲和王小鲁（2006）；北京师范大学经济与资源管理研究院（2003）
	企业税外负担不断减轻	
现代化	人民生活水平不断提高	朱庆芳（2001）；中国现代化战略研究课题组（2001）
	信息技术得到普遍应用	
国际化	对外贸易规模不断扩大	科尼尔全球城市化指数；安永全球化指数
	对外交流合作不断增多	

2. 绩效困境

对绩效困境的测量包括财政、管理、信任三个维度。财政危机、管理危机、信任危机是当代政府面临的普遍困境（周志忍，1999；李文钊和毛寿龙，2010）。财政危机指的是政府收不抵支的状况，赤字和债务是财政危机的主要表现（马骏，2013），常见的衡量地方政府财政危机状况的指标如财政赤字、财政赤字占 GDP 的比重、债务依存度、财政偿债率等（古志辉和蔡方，2005；魏凤春和于红鑫，2002）。管理危机是指政府管理失调、失控、官僚主义和效率低下的状况（周志忍，1999；张康之，2000）。信任危机是指政府合法性、正当性受到怀疑和挑战的状况，主要表现为民众对政府的怀疑和不满（周志忍，1999；张成福和边晓慧，2013），常见的相关指标如民众对政府的信任度、满意度等。基于财政危机、管理危机、信任危机的内涵、表现及已有相关研究中采取的测量指标，确定具体的测量问项，见表 4.2。

表 4.2 绩效困境的测量维度和测量问项

测量维度	测量问项	参考文献
财政	政府赤字规模扩大	魏凤春和于红鑫（2002）；古志辉和蔡方（2005）；马骏（2013）
	政府债务风险增大	
管理	政府官僚主义较为严重	周志忍（1999）；张康之（2000）
	政府效率较为低下	
信任	民众对政府满意度降低	周志忍（1999）；张成福和边晓慧（2013）
	民众对政府信任度降低	

（二）触发动力

1. 政绩导向

对政绩导向的测量包括重视、推动两个维度。政绩导向的实质是上级党委/政府对地方政府行为的引导，主要表现为重视、推动两个方面，具体包括重视政府职能转变、部署政府职能转变的目标和任务、鼓励探索政府职能转变的有效路径（李景鹏，2007；罗峰，2011；陈家喜和汪永成，2013；郭明，2014）。上级党委/政府的重视和推动引导地方政府在各种工作安排中将政府职能转变置于优先地位，着力推进和有效落实政府职能转变。基于政绩导向的内涵和表现，确定具体的测量问项，见表 4.3。

表 4.3 政绩导向的测量维度和测量问项

测量维度	测量问项	参考文献
重视	上级党委/政府对政府职能转变的重视度较高	李景鹏（2007）；罗峰（2011）；陈家喜和汪永成(2013)；郭明(2014)
推动	上级党委/政府明确部署政府职能转变的目标和任务	
	上级党委/政府鼓励政府探索政府职能转变的有效途径	

2. 民众诉求

从关注、态度两个维度测量民众诉求，这两个维度在已有相关研究中较为多见。关注是测量民众诉求的有效指标。例如，郑思齐等（2013）采用公民网络关注度测度民众对环境保护的诉求。于文超等（2014）采用环保来信总数、来访人数、来访人次、环境方面的人大建议数、政协提案数五项指标构建的指数测度民众的环保诉求。态度是民意调查中的常见问项。例如，van Ryzin（2004）在一项关于城市服务的研究中，对公民期望采用的问项为“你如何评价你对政府服务总体质量的期望，低或者高？”Lo 和 Jim（2012）在一项关于城市绿地供给的研究中，对公民态度和期望采用的问项为“你如何评价城市绿地功能/影响的重要性？”在借鉴前人研究的基础上，结合研究主题，确定具体的测量问项，见表 4.4。

表 4.4 民众诉求的测量维度和测量问项

测量维度	测量问项	参考文献
关注	民众对政府职能转变的关注度较高	郑思齐等（2013）；于文超等（2014）
态度	民众对政府有更高的期待	van Ryzin（2004）；Lo 和 Jim（2012）
	民众对政府职能转变的要求较为迫切	

3. 领导推动

对领导推动的测量包括参与、支持、信息传递三个维度。参与、支持、信息传递是领导推动组织变革的主要表现（Whelan-Berry and Somerville，2010）。关于领导推动测度的相关研究较多，具有代表性的研究如 Okumus（2003）在一项关于战略执行的研究中，采取了“领导在战略制定和执行过程的实际参与”“领导对新战略的支持力度”“领导传递项目及项目重要性的信息”三项指标。Amabile（2004）在一项关于领导行为与组织创新环境的研究中，对于感知的领导支持采用了鼓励与支持、与组织成员的积极互动、明确项目的目标三项指标。通用评估框架（common assessment framework，CAF）（European CAF Resource Centre，2013）中关于领导力的测度，包括为组织的使命、愿景和价值提供方向，管理组织及其绩效和持续提升，激励和支持组织成员，管理组织与政治权威和利益相关者的有效关系四个维度的相关指标。借鉴已有的研究成果，结合研究主题，确定具体的测量问项，见表 4.5。

表 4.5　领导推动的测量维度和测量问项

测量维度	测量问项	参考文献
参与	地方党政领导牵头推进政府职能转变工作	Okumus（2003）; Amabile（2004）; Whelan-Berry 和 Somerville（2010）; European CAF Resource Centre（2013）
支持	地方党政领导对政府职能转变工作的支持度较高	
信息传递	地方党政领导讲话中经常提及政府职能转变及其重要性	

（三）使能动力

1. 共识构建

从了解、认同两个维度测量共识构建。共识构建是通过领导、沟通、参与等具体行动，使组织内外部成员了解并且认可改革。这两个维度在已有的研究中被学者广泛采用。例如，薛云奎等（2005）对于战略共识的测量，采用了高层共识、员工共识、外部共识三项指标，具体问项为“高层管理者（中下层员工/外部相关者）了解企业战略”“高层管理者（中下层员工/外部相关者）认同企业战略”。施瑞龙（2010）对于战略共识的测量，采用了“企业所有成员都知道和了解企业战略”“企业所有成员都对企业战略表示认同”“企业所有成员都清楚理解企业战略实施的关键步骤”“企业所有成员都承诺将全力实施企业战略”四个测量问项。王鑫（2013）对于战略共识的测量，采用了“企业组织战略能够有效传达”“组织成员都能够认可并支持企业战略”“组织成员能够清楚企业战略如何落实实施”等八个测量问项。借鉴已有的研究成果，结合研究主题，确定具体的测量问项，见表 4.6。不同于企业战略执行，政府职能转变的执行，不仅需要内部支持，也需要外部支持（Fernandez and Rainey，2006），因而相关主体既包括政府工作人员，也包括民众。

表 4.6　共识构建的测量维度和测量问项

测量维度	测量问项	参考文献
了解	政府工作人员对政府职能转变工作比较了解	薛云奎等（2005）; Fernandez 和 Rainey,（2006）; 施瑞龙（2009）; 王鑫（2013）
	民众对政府职能转变工作比较了解	
认同	政府工作人员对政府职能转变工作比较认同	
	民众对政府职能转变工作比较认同	

2. 组织协同

从结构与流程、资源配置、人力资源管理、信息系统四个维度测量组织协同。关于组织协同的测量，已有的相关研究如薛云奎等（2005）提出战略协同包括运营协同和组织协同，前者包括关键业务流程与战略的匹配、日常经营活动的重心与战略的匹配、战略所需资源的保障，后者包括组织结构与战略的匹配、人力资源与战略的匹配、信息系统与战略的匹配，测量问项为“运营流程（运营重心/资源配置/组织架构/人力资源/信息系统）与战略相匹配”。施瑞龙（2009）从组织结构、资源配置、信息系统、运营流程、奖励制度五方面构建组织协同指标，测量问项如“企业组织结构能够满足实施战略的权责要求”“企业资源配置能够满足实施战略的资源要求”“企业信息系统能够满足实施战略的沟通要求”等。组织协同涉及组织管理活动的很多方面，对于政府职能转变来说，结构与流程、资源配置、人力资源管理、信息系统四个方面尤为重要（Fernandez and Rainey，2006；Whelan-Berry and Somerville，2010）。借鉴前人已有的研究，结合研究主题，确定具体的测量问项，见表 4.7。

表 4.7　组织协同的测量维度和测量问项

测量维度	测量问项	参考文献
结构与流程	政府机构改革取得较好成效	薛云奎等（2005）；Fernandez 和 Rainey（2006）；施瑞龙（2009）；Whelan-Berry 和 Somerville（2010）；王鑫（2013）
	政府工作流程得到较好优化	
资源配置	政府财政支出结构较为合理	
	政府各职能部门的工作人员数量较为合理	
人力资源管理	政府工作人员的素质和业务水平较高	
	政府工作人员的工作积极性较高	
信息系统	政府信息化建设取得较好成效	

3. 过程控制

从计划、考核、反馈三个维度测量过程控制。计划、考核、反馈是组织变革过程控制的关键行动（Fernandez and Rainey，2006；Whelan-Berry and Somerville，2010）。计划为组织变革的执行设定明确的方向和轨道，考核和反馈确保组织变革按照预先设定的方向和轨道得到有效推进和落实并最终成功实现组织变革。关于过程控制的测量，已有的研究如 Okumus（2003）对控制与反馈，提出了执行过程的监测活动、沟通和执行计划两项指标。薛云奎等（2005）对控制与反馈，提出了信息控制、行为控制两项指标，测量问项包括“执行效果能够得到有效追踪”“执行偏差能够得到有效修正”“业绩评估系统与战略相匹配”“奖惩激励制度与战略相匹配”。借鉴前人已有的研究，结合研究主题，确定具体的测量问项，见表 4.8。

表 4.8　过程控制的测量维度和测量问项

测量维度	测量问项	参考文献
计划	政府制定职能转变方案有序推进政府职能转变工作	Okumus（2003）；薛云奎等（2005）；Fernandez 和 Rainey，（2006）；Whelan-Berry 和 Somerville（2010）
考核	对政府职能转变工作的考核较为有效	
反馈	积极推进政府职能转变的部门/个人能得到有效激励	
	政府职能转变工作中存在的问题能得到有效纠正	

（四）地方政府职能转变

作为因变量的地方政府职能转变，具体来说指的是地方政府职能转变的实施进展与成效，即地方政府职能转变执行得怎么样？本书的研究从行为、结果两个维度测量地方政府职能转变。关于地方政府职能转变的测度，已有的相关研究中具有代表性的如 Connor 等（1988）对于组织变革的测量采取了变革过程和变革结果两个维度，前者涉及变革速度、成本投入、意外行为和事件等，后者涉及与变革初始目标比较、与预测未来状况比较、制度化进展情况等。Okumus（2003）对组织变革结果的测量，提出了“是否按照计划得到落实”“目标是否得到实现”“参与变革或受到变革影响的人对结果是否满意”“组织是否在变革过程中有所学习”四个关键指标。借鉴前人的相关研究成果，结合研究主题，确定具体的测量问项，见表 4.9。关于行为维度的测量问项，从变革速度和任务落实两方面测度。关于结果维度的测量问项，从目标实现的角度进行测度，基于地方政府职能转变的主要目标的内涵与表现进行设置。政府职能转变的主要目标包括有限政府、高效政府、服务型政府、法治政府、责任政府（杨鸿台，2004；陈茗，2007；俞可平，2008；齐卫平等，2013；吴敬琏，2014）。

表 4.9　地方政府职能转变的测量维度和测量问项

测量维度	测量问项	参考文献
行为	政府推进政府职能转变的速度较快	Connor 等（1988）；Okumus（2003）
	政府职能转变的具体任务得到较好落实	
结果	政府行政权力得到较大缩减	
	政府工作效率得到较大提高	
	政府公共服务水平得到较大提高	
	政府依法行政水平得到较大提高	
	政府责任意识得到较大提高	

二、小规模访谈

小规模访谈是变量测量指标修改、完善的重要工具。小规模访谈的主要目的包括：①初步确认测量维度和测量问项的有效性，测量维度和测量问项是否全面覆盖并能有效地测量所要测量的变量，是否需要增加、减少或修改测量维度和测量问项；②消除测量问项可能存在歧义、不清楚、难以理解及问卷填答人可能不会准确、诚实回答的问题。

针对变量测量指标的小规模访谈在 2015 年 9 月完成，访谈对象包括 1 位专家、3 位研究团队的博士、4 位公务员。8 位访谈对象对政府职能转变均有深入的了解和认识。访谈的内容主要包括：①测量维度和测量问项的数量是否合理；②测量维度和测量问项是否全面覆盖所要测量的变量；③测量维度和测量问项是否能有效地测量所要测量的变量；④测量问项用语是否存在歧义，是否清晰、明确；⑤测量问项是否容易理解；⑥测量问项对于问卷填答人来说是否存在不会诚实、准确回答的问题。

根据小规模访谈结果，对测量问项进行了修改，得到完善后的测量维度和测量问项，见表 4.10。修改的题项包括：题项“企业税外负担不断减轻”对于填答人来说可能不易准确回答，修改为“企业面临市场竞争加剧”；题项“信息技术得到普遍应用”描述的不是随时间产生的变化，修改为“信息技术应用更加广泛”；题项“政府赤字规模扩大”对于填答人来说可能不易准确回答，予以删去，增加题项“政府成本较为高昂”“政府腐败较为严重”测量绩效困境；题项“政府信息化建设取得较好成效”对于填答人可能不容易理解，修改为“政府电子政务建设取得较好成效”。

表 4.10　基于小规模访谈结果修改后的测量维度与测量问项

变量	测量维度	测量问项
转型压力	市场化	民营经济持续较快发展
		企业面临市场竞争加剧
	现代化	人民生活水平不断提高
		信息技术应用更加广泛
	国际化	对外贸易规模不断扩大
		对外交流合作不断增多
绩效困境	财政	政府债务风险增大
	管理	政府官僚主义较为严重
		政府成本较为高昂
		政府效率较为低下
		政府腐败较为严重
	信任	民众对政府的满意度降低
		民众对政府的信任度降低
政绩导向	重视	上级党委/政府对政府职能转变的重视度较高
	推动	上级党委/政府明确部署政府职能转变的目标和任务
		上级党委/政府鼓励政府探索政府职能转变的有效途径
民众诉求	关注	民众对政府职能转变的关注度较高
	态度	民众对政府有更高的期待
		民众对政府职能转变的要求较为迫切
领导推动	参与	地方党政领导牵头推进政府职能转变工作
	支持	地方党政领导对政府职能转变工作的支持度较高
	信息传递	地方党政领导讲话中经常提及政府职能转变及其重要性
共识构建	了解	政府工作人员对政府职能转变工作比较了解
		民众对政府职能转变工作比较了解
	认同	政府工作人员对政府职能转变工作比较认同
		民众对政府职能转变工作比较认同
组织协同	结构与流程	政府机构改革取得较好成效
		政府工作流程得到较好优化
	资源配置	政府财政支出结构较为合理
		政府各职能部门的工作人员数量较为合理

续表

变量	测量维度	测量问项
组织协同	人力资源管理	政府工作人员的素质和业务水平较高
		政府工作人员的工作积极性较高
	信息系统	政府电子政务建设取得较好成效
过程控制	计划	政府制定职能转变方案有序推进政府职能转变工作
	考核	对政府职能转变工作的考核较为有效
	反馈	积极推进政府职能转变的部门/个人能得到有效激励
		政府职能转变工作中存在的问题能得到有效纠正
地方政府职能转变	行为	政府推进政府职能转变的速度较快
		政府职能转变的具体任务得到较好落实
	结果	政府行政权力得到较大缩减
		政府工作效率得到较大提高
		政府公共服务水平得到较大提高
		政府依法行政水平得到较大提高
		政府责任意识得到较大提高

第三节 问卷检验

前述对变量的测量问项的确定主要基于各变量的概念内涵、文献调研及小规模访谈结果，存在较强的主观色彩。为提高问卷的质量，在形成正式问卷、开展大规模实证调查收集数据之前，有必要通过预调查的方式，即前测（pretest）的方式，对变量的测量问项的有效性进行分析和判断，并且依据预调查结果，对缺乏有效性的测量问项进行删除或修正（马庆国，2002）。变量测量的有效性分析主要包括信度检验和效度检验。

预调查的调查对象为县级政府，问卷填答人为公务员和研究团队的博士、硕士。公务员和研究团队的博士、硕士对地方政府职能转变较为熟悉和了解。预调查发放问卷 70 份，回收有效问卷 65 份，有效问卷回收率为 92.9%。

一、效度检验

效度是指测量准确地反映了所要测量的概念（巴比，2005）。效度可分为表面效度、结构效度、内容效度、标准关联效度等。一般来说，效度检验采取对内容效度和结构效度进行检验。

内容效度指的是测量在多大程度上包含了概念的含义（巴比，2005）。本书研究中的测量问项基于前人的相关研究成果，并结合测量变量的概念内涵及研究的实际需要进行设置。在此基础上，针对测量问项的设置，开展小规模访谈，基于小规模访谈结果修改完善测量问项。通过上述步骤，在一定程度上保证了测量问项的内容效度。

结构效度是指测量结果所体现的结构与测值之间的对应程度。通常采用探索性因子分析（exploratory factor analysis，EFA）对结构效度进行检验。以SPSS软件为工具，采用探索性因子分析对各项动力因素的测量问项的结构效度进行检验[①]。首先进行Kaiser-Meyer-Olkin（KMO）检验和Bartlett检验，检验结果如表4.11所示，KMO值为0.674（高于0.5，接近0.7），Bartlett检验P值为0.000，表明适合进行因子分析。在此基础上，对测量问项进行探索性因子分析，采用主成分分析法（principle component methods），通过最大方差法（varimax）旋转因子，以特征值大于1为因子个数决定标准，分析结果如表4.12所示。根据表4.12可以得出，主成分分析一共抽取了10个因子，累积方差贡献率为78.50%。其中，第一个因子对组织协同的测量问项影响较大，第二个因子对过程控制的测量问项影响较大，第三个因子对共识构建的测量问项影响较大，第四个因子对绩效困境的测量问项影响较大，第五个因子对领导推动的测量问项影响较大，第六个因子对转型压力的测量问项影响较大，第七个因子对政绩导向的测量问项影响较大，第八个因子对民众诉求的测量问项影响较大。虽然与原有构思未完全一致，但整体来看，结构效度较为良好。对测量问项进行筛选[②]，“信息技术应用更加广泛”“企业面临市场竞争加剧”分别自成一个因子，不具有内部一致性，予以删除。“政府成本较为高昂”“政府债务风险增大”原属于绩效困境的测量问项，但落入与共识构建相关的第三个因子，予以删除。“政

① 由于因变量仅有1个，不对因变量做结构效度检验，仅对自变量做结构效度检验。

② 筛选标准包括：a. 一个测量问项自成一个因子时，不具有内部一致性，考虑删除；b. 因子负荷系数小于0.5，不具有收敛效度，考虑删除；c. 因子负荷系数同时在2个以上因子大于0.5，属于横跨因子现象，考虑删除；d. 未落入预期维度的测量问项，考虑删除。

府各职能部门的工作人员数量较为合理”原属于组织协同的测量问项，但落入与共识构建相关的第三个因子，予以删除。“民众对政府职能转变工作比较认同”因子负荷系数为 0.443（小于 0.5），应予以删除，但考虑到其测量的内容较为重要且无其他测量问项测量同一内容，予以保留。

表 4.11　KMO 检验和 Bartlett 检验结果

取样足够度的 Kaiser-Meyer-Olkin 度量		0.674
Bartlett 的球形度检验	近似卡方	1971.457
	df	666
	sig	0.000

表 4.12　探索性因子分析结果（旋转成分矩阵）

测量问项	成分									
	1	2	3	4	5	6	7	8	9	10
政府电子政务建设取得较好成效	0.814	−0.119	0.127	−0.204	0.039	0.193	−0.142	−0.023	0.033	−0.039
政府工作流程得到较好优化	0.803	−0.026	0.184	−0.083	0.262	0.110	0.120	−0.068	−0.088	0.078
政府工作人员的素质和业务水平较高	0.683	−0.148	0.416	−0.172	−0.091	0.064	0.091	0.096	0.081	0.240
政府财政支出结构较为合理	0.626	−0.163	0.171	−0.195	0.285	0.361	0.098	−0.028	0.140	−0.285
政府工作人员的工作积极性较高	0.621	−0.127	0.416	−0.263	−0.007	−0.021	0.023	0.021	0.124	0.261
政府机构改革取得较好成效	0.593	−0.036	0.260	−0.027	0.444	0.218	0.057	0.119	−0.024	−0.080
对政府职能转变工作的考核较为有效	−0.015	0.931	−0.135	0.003	−0.066	−0.154	0.068	0.028	0.000	0.050
政府制定职能转变方案有序推进政府职能转变工作	−0.024	0.927	−0.103	0.007	−0.095	−0.163	0.064	0.029	0.002	0.081
积极推进政府职能转变的部门/个人能得到有效激励	−0.168	0.830	−0.098	0.266	−0.146	0.039	−0.088	−0.069	0.013	−0.145
政府职能转变工作中存在的问题能得到有效纠正	−0.222	0.817	−0.118	0.284	−0.128	0.013	−0.185	−0.093	0.029	−0.111
民众对政府职能转变工作比较了解	0.239	−0.088	0.742	−0.093	0.215	0.206	−0.104	0.173	−0.135	0.025
政府工作人员对政府职能转变工作比较了解	0.201	−0.187	0.728	−0.065	0.392	0.028	0.095	−0.113	−0.040	0.037
政府成本较为高昂	0.318	−0.181	0.720	−0.229	0.136	0.147	0.028	−0.066	0.211	0.012

续表

测量问项	成分									
	1	2	3	4	5	6	7	8	9	10
政府工作人员对政府职能转变工作比较认同	0.410	–0.118	0.638	–0.272	0.201	0.002	–0.069	0.197	0.165	–0.193
政府各职能部门的工作人员数量较为合理	0.195	–0.216	0.516	–0.354	0.350	0.147	0.013	0.159	–0.279	0.116
政府债务风险增大	0.447	–0.206	0.505	–0.059	0.256	0.212	0.092	0.016	0.372	0.044
民众对政府职能转变工作比较认同	0.409	–0.051	0.443	–0.356	0.256	0.229	0.006	–0.075	–0.017	–0.036
民众对政府的信任度降低	–0.261	0.054	–0.133	0.808	–0.250	–0.140	–0.102	–0.203	0.053	–0.045
民众对政府的满意度降低	–0.165	–0.020	–0.270	0.768	–0.116	–0.227	0.113	–0.153	0.127	0.076
政府效率较为低下	–0.213	0.319	–0.174	0.725	–0.075	0.081	–0.186	–0.097	0.123	–0.140
政府腐败较为严重	–0.079	0.285	–0.036	0.710	–0.121	–0.172	–0.228	0.203	–0.180	0.045
政府官僚主义较为严重	–0.060	0.527	–0.195	0.551	–0.121	–0.027	–0.084	0.129	0.026	–0.397
地方党政领导牵头推进政府职能转变工作	0.204	–0.233	0.252	–0.158	0.804	0.028	–0.010	0.059	–0.042	–0.136
地方党政领导讲话中经常提及政府职能转变及其重要性	0.052	–0.006	0.188	–0.115	0.783	–0.057	0.124	–0.067	–0.022	0.259
地方党政领导对政府职能转变工作的支持度较高	0.172	–0.236	0.226	–0.238	0.768	0.063	–0.070	0.102	0.031	–0.008
对外贸易规模不断扩大	0.214	–0.233	0.092	–0.079	0.094	0.797	0.066	0.005	–0.105	0.186
民营经济持续较快发展	0.209	–0.087	0.081	–0.132	0.114	0.778	–0.132	0.014	0.076	–0.114
对外交流合作不断增多	0.314	0.027	0.019	–0.044	–0.066	0.714	0.255	–0.107	–0.111	0.341
人民生活水平不断提高	–0.119	0.012	0.357	–0.158	–0.173	0.667	–0.015	–0.199	0.207	0.109
上级党委/政府对政府职能转变的重视度较高	0.040	–0.028	–0.148	–0.001	0.121	0.066	0.852	0.005	0.157	0.047
上级党委/政府鼓励政府探索政府职能转变的有效途径	0.038	–0.037	0.051	–0.109	–0.024	0.040	0.822	–0.035	–0.198	0.022
上级党委/政府明确部署政府职能转变的目标、任务	–0.003	–0.013	0.090	–0.111	–0.022	–0.056	0.787	0.170	0.067	–0.076
民众对政府职能转变的要求较为迫切	–0.108	0.075	0.135	–0.071	–0.073	–0.069	–0.062	0.883	0.087	–0.115
民众对政府职能转变的关注度比较高	0.261	–0.074	–0.025	0.054	0.036	–0.087	0.175	0.764	–0.275	0.099
民众对政府有更高的期待	–0.082	–0.061	–0.026	–0.137	0.137	0.000	0.093	0.732	0.299	0.107
企业面临市场竞争加剧	0.093	0.050	0.046	0.104	–0.057	0.019	0.015	0.106	0.817	0.113
信息技术应用更加广泛	0.068	–0.092	0.003	–0.063	0.113	0.361	–0.058	0.087	0.197	0.722

注：提取方法为主成分分析法；旋转法为具有 Kaiser 标准化的正交旋转法；旋转在 9 次迭代后收敛

二、信度检验

信度指的是对同一现象进行多次测量是否可以得到相同的资料（巴比，2005）。信度包括重测信度、复本信度、折半信度、同质性信度和评分者信度等。以 SPSS 软件为工具，采用克龙巴赫 α 系数对测量问项进行信度分析，分析结果见表 4.13。根据表 4.13 可以得到，各变量的克龙巴赫 α 系数均高于 0.7，说明测量问项具有良好的内部一致性信度。

表 4.13 信度分析结果

变量名称	克龙巴赫 α 系数
转型压力	0.815
绩效困境	0.876
政绩导向	0.779
民众诉求	0.741
领导推动	0.855
共识构建	0.850
组织协同	0.889
过程控制	0.936
地方政府职能转变	0.897
总体	0.838

通过以上效度和信度检验，删除了“信息技术应用更加广泛”“企业面临市场竞争加剧”“政府债务风险增大”“政府成本较为高昂”“政府各职能部门的工作人员数量较为合理”五个问项，确定了正式问卷所采用的测量问项，如表 4.14 所示。

表 4.14 正式问卷所采用的测量问项

变量	测量问项
转型压力	Q11：民营经济持续较快发展
	Q12：人民生活水平不断提高
	Q13：对外贸易规模不断扩大
	Q14：对外交流合作不断增多
绩效困境	Q21：政府官僚主义较为严重
	Q22：政府效率较为低下

续表

变量	测量问项
绩效困境	Q23：政府腐败较为严重
	Q24：民众对政府的满意度降低
	Q25：民众对政府的信任度降低
政绩导向	Q31：上级党委/政府对政府职能转变的重视度较高
	Q32：上级党委/政府明确部署政府职能转变的目标、任务
	Q33：上级党委/政府鼓励政府探索政府职能转变的有效途径
民众诉求	Q41：民众对政府职能转变的关注度较高
	Q42：民众对政府有更高的期待
	Q43：民众对政府职能转变的要求较为迫切
领导推动	Q51：地方党政领导牵头推进政府职能转变工作
	Q52：地方党政领导对政府职能转变工作的支持度较高
	Q53：地方党政领导讲话中经常提及政府职能转变及其重要性
共识构建	Q61：政府工作人员对政府职能转变工作比较了解
	Q62：民众对政府职能转变工作比较了解
	Q63：政府工作人员对政府职能转变工作比较认同
	Q64：民众对政府职能转变工作比较认同
组织协同	Q71：政府机构改革取得较好成效
	Q72：政府工作流程得到较好优化
	Q73：政府财政支出结构较为合理
	Q74：政府工作人员的素质和业务水平较高
	Q75：政府工作人员的工作积极性较高
	Q76：政府电子政务建设取得较好成效
过程控制	Q81：政府制定职能转变方案有序推进政府职能转变工作
	Q82：对政府职能转变工作的考核较为有效
	Q83：积极推进政府职能转变的部门/个人能得到有效激励
	Q84：政府职能转变工作中存在的问题能得到有效纠正
地方政府职能转变	Q91：政府推进政府职能转变的速度较快
	Q92：政府职能转变的具体任务得到较好落实
	Q93：政府行政权力得到较大缩减
	Q94：政府工作效率得到较大提高
	Q95：政府公共服务水平得到较大提高
	Q96：政府依法行政水平得到较大提高
	Q97：政府责任意识得到较大提高

第四节　数 据 收 集

在确定正式问卷后，研究进入大规模问卷发放和数据收集阶段。在确定调查对象和样本容量的基础上，发放问卷，收集调查数据，并对问卷填答人的基本情况进行描述性统计分析，以确定问卷填答人是否具有代表性，保障所收集的数据的有效性。

一、调查对象和样本容量

本书的研究选择县级政府作为问卷调查对象。这主要基于以下两方面的考虑：一是县级政府是地方政府职能转变的主要执行者，而且相较于省级、地市级，数量较多，便于开展大规模调查，相较于乡镇级，拥有相对独立的管理权限，对政府职能转变具有相对较高的自主权；二是县级政府是极具创新性的行政层级，近年来开展了大量与政府职能转变相关的工作。吴建南等（2007）基于对政府创新项目主体的频数统计得到，区县级占比 48.1%，是创新频率最高的行政层级。大部分地方政府创新与政府职能转变关系密切。

样本容量的选择主要取决于概念模型及数据分析方法。本书研究的概念模型中有 9 个自变量，1 个因变量，此 10 个变量共有 39 个测量指标，采用结构方程模型分析方法对所收集的测量指标数据进行分析。对于结构方程模型分析方法的样本容量选择，Schumacker 和 Lomax（1996）指出，大部分 SEM 研究中，样本数量为 200～500。Mueller（1997）指出，SEM 研究样本数至少在 100 以上，200 以上更佳。从模型观察变量数来看，样本数与观察变量数之比需大于 5∶1。由此，本书的研究采取东部地区选择 150 个县级政府，中部地区 70 个县级政府，西部地区 40 个县级政府①，一共 260 个县级政府。满足样本数在 100 以上，样本数与观察变量数的比例大于 5∶1 的要求。东中西部地区未能选择相同数量的县级政府，是因为研究条件的限制。

---

① 东部地区包括北京、天津、河北、辽宁、上海、江苏、浙江、福建、山东、广东、海南；中部地区包括山西、吉林、黑龙江、安徽、江西、河南、湖北、湖南；西部地区包括重庆、四川、贵州、云南、西藏、陕西、青海、甘肃、宁夏、新疆、广西、内蒙古。

二、问卷发放及回收情况

问卷发放采用纸质问卷、电子问卷两种形式，通过当场回收、邮寄回收及网络问卷调查平台回收问卷。笔者主要通过公共管理硕士（master of public administration，MPA）班、公务员培训班、私人关系网络发放问卷。问卷的发放对象，即填答人为公务员。针对问卷中的一些测量问项，需要填答人了解和熟悉地方政府职能转变的具体情况，公务员群体可以满足这一要求。调查时间是2015年10～12月，历时3个月，共发放问卷382份，回收338份，有效问卷为319份，有效问卷回收率为83.5%，覆盖了我国260个县级政府，包括东部地区150个县级政府，中部地区70个县级政府，西部地区40个县级政府，每个县级政府为1～2份问卷①。

三、样本的同源偏差检验

由于调查问卷采用的是利克特七点量表，且设问方式都为正向，容易出现同源偏差问题（common method variance，CMV）（Lindell and Whitney，2001）。此时，变量之间变异的重叠是由于使用了同类的测量工具，不能真正反映潜在变量之间真实的关系（Teo，2011）。采用Podsakoff和Organ（1986）建议的哈曼单因子检测法对可能存在的同源偏差问题进行检验。哈曼单因子检测法的具体做法是：对所有测量问项进行因子分析，未旋转时得到的第一个主成分，代表了同源偏差问题的程度。以SPSS软件为工具，进行哈曼单因子检测，检验结果如表4.15所示。根据表4.15，未旋转时第一个主成分的载荷量为38.865%，所占比例未达到多数，表明同源偏差问题并不严重。

表4.15　哈曼单因子检测结果

成分	初始特征值			提取平方和载入		
	合计	方差/%	累积/%	合计	方差/%	累积/%
1	15.157	38.865	38.865	15.157	38.865	38.865
2	3.046	7.810	46.674	3.046	7.810	46.674
3	2.069	5.305	51.979	2.069	5.305	51.979

① 当某县级政府有2份有效问卷时，采用平均值作为该县级政府某测量指标的得分。

续表

成分	初始特征值			提取平方和载入		
	合计	方差/%	累积/%	合计	方差/%	累积/%
4	1.890	4.846	56.825	1.890	4.846	56.825
5	1.798	4.610	61.435	1.798	4.610	61.435
6	1.077	2.763	64.197	1.077	2.763	64.197
7	1.000	2.565	66.762	1.000	2.565	66.762
8	0.892	2.287	69.049			
9	0.801	2.054	71.103			
10	0.732	1.877	72.980			
11	0.690	1.770	74.750			
12	0.660	1.693	76.443			
13	0.633	1.624	78.067			
14	0.629	1.614	79.680			
15	0.561	1.439	81.120			
16	0.543	1.391	82.511			
17	0.514	1.317	83.828			
18	0.481	1.233	85.061			
19	0.458	1.175	86.236			
20	0.440	1.129	87.365			
21	0.422	1.083	88.448			
22	0.394	1.010	89.458			
23	0.359	0.921	90.379			
24	0.348	0.892	91.272			
25	0.332	0.852	92.124			
26	0.315	0.809	92.932			
27	0.298	0.764	93.697			
28	0.275	0.705	94.402			
⋮	⋮	⋮	⋮			

注：提取方法为主成分分析法

四、样本的描述性统计分析

以 SPSS 软件为工具，对调查问卷填答人的基本情况进行描述性统计分析，以了解问卷填答人的人口统计特征，确认问卷填答人的代表性。问卷填答人的人口统计特征如表 4.16 所示。根据表 4.16 可以得到，在性别方面，性别比例为 1.16∶1，分布较为均衡。在年龄方面，40 岁以下比例为 82.4%，填答人相对较为年轻化，这与调查途径有关。从职务来看，领导职务占比 38.2%，具有一定的比例，处于领导职务的填答人可能对政府职能转变的相关情况更为了解和熟悉。从学历来看，本科及以上占比 84.0%，表明填答人的文化程度较高。文化程度较高的填答人更容易理解问卷题项，做出准确、有效的回答。总体来看，问卷填答人具有良好的代表性，所收集的数据应具有较高的有效性。

表 4.16 问卷填答人的人口统计特征

人口统计特征	类别	频数	频率/%
性别	男	171	53.6
	女	148	46.4
年龄	30 岁以下	138	43.2
	31～40 岁	125	39.2
	41～50 岁	49	15.4
	51 岁以上	7	2.2
职务	领导职务	122	38.2
	非领导职务	197	61.8
学历	高中及以下	8	2.5
	专科	43	13.5
	本科	180	56.4
	硕士及以上	88	27.6

第五章　统计分析与结果讨论

本章的主要内容是对所收集的调查数据进行统计分析，检验研究假设，并对统计分析结果进行探讨。首先，采用描述性统计分析方法，对测量指标进行描述性统计分析，把握地方政府职能转变及其各项动力因素的现状；然后，采用验证性因子分析方法，分别对情境动力、触发动力和使能动力进行验证性因子分析，确认动力因素的测量指标的结构效度；最后，采用结构方程模型分析方法，以地方政府职能转变为内因变量，以地方政府职能转变的各项动力因素为外因变量、中介变量，进行结构方程模型分析，检验第三章提出的研究假设，并对结果开展讨论。

第一节　描述性统计分析

以SPSS软件为工具，对测量指标进行描述性统计分析，分别计算总体及东中西部地区各变量的平均得分。总体及东中西部地区各变量平均得分的计算方法为：平均得分等于该变量的所有测量指标得分的平均值。计算结果如表5.1所示。

根据表5.1可以得到，总体上，地方政府职能转变的各项动力因素、地方政府职能转变的平均得分处于中等略偏上的水平，其中，仅有民众诉求的平均得分高于5，共识构建的平均得分略小于4，转型压力、绩效困境、政绩导向、领导推动、组织协同、过程控制及地方政府职能转变的平均得分处于4～5范围。此结果反映出，在给定的情境动力（转型压力、绩效困境）之下，触发动力（政绩导向、民众诉求、领导推动）、使能动力（共识构建、组织协同、过程控制）及地方政府职能转变均存在较大的提升空间。地方政府职能转变动力不足、有待提高的状况，在前人研究中已有反映，如杨学渊（2001）、刘艳玲（2006）、胡佳（2009）、周志忍（2010）、鲍宗豪和崔翔（2014）等。地方政府职能转变有待更快、更好地推进的问题，侯保疆（2003）、周志忍（2006）、唐铁汉（2007）、何强（2008）、何颖（2010）、鲍宗豪和崔翔（2014）等在研究中也有指出。

表 5.1　总体及东中西部地区各变量平均得分的计算结果

变量名称	总体	东部地区	中部地区	西部地区
转型压力	4.8404	4.9433	4.7821	4.5563
绩效困境	4.4323	4.2040	4.6800	4.8550
政绩导向	4.8256	5.0378	4.5048	4.5917
民众诉求	5.4372	5.5022	5.3667	5.3167
领导推动	4.7295	4.9156	4.4952	4.4417
共识构建	3.9894	4.1617	3.7485	3.7648
组织协同	4.0231	4.1533	3.9010	3.7485
过程控制	4.1135	4.2933	3.7945	3.9975
地方政府职能转变	4.3033	4.4510	4.0662	4.1643

从各项动力因素来看，触发动力的平均得分（政绩导向、民众诉求、领导推动的平均得分为 4.9974）相对较高，情境动力（转型压力、绩效困境的平均得分为 4.6364）次之，使能动力（共识构建、组织协同、过程控制的平均得分为 4.0420）的平均得分相对较低。此结果反映出，相较于情境动力和触发动力，使能动力不足可能是制约地方政府职能转变的关键因素。虽然伴随着经济、社会转型及绩效困境的存在，地方政府现行职能模式出现危机，上级党委/政府、民众、地方党政领导积极推动地方政府职能转变的引入和实施，但是执行不力，依然会导致地方政府职能转变的实施进展和成效不佳，甚至造成地方政府职能转变失败。当前，地方政府职能转变的难点与困境主要包括存在传统官本位观念、政治传统与惯性，事先设计不足，各项改革配套不够，缺乏制度保障，官员考核体系、权力利益格局、财税体制不完善，缺乏社会力量参与等（何颖，2010；李保林等，2014；赫郑飞和文宏，2015），这些难点、困境与使能动力关系密切，在实践中阻碍了地方政府职能转变的顺利推进。情境动力中，转型压力的平均得分高于绩效困境，此结果反映出，相较于绩效困境，地方政府面临的转型压力相对较大。触发动力中，民众诉求的平均得分相对较高，政绩导

向次之，领导推动的平均得分相对较低，此结果反映出，相较于民众诉求，上级党委/政府、地方党政领导对地方政府职能转变的推动力度相对较低。究其原因，一方面，当前民众的政治参与度不高、参与渠道有限，政府官员的晋升和考核机制主要是自上而下的，民众对政府官员缺乏足够的影响力，导致政府对民众诉求的回应性不强（陈国权和黄振威，2010；周志忍，2010）；另一方面，上级党委/政府、地方党政领导可能出于自身利益的考虑，对推动地方政府职能转变缺乏积极性。政府职能转变是一场自我革命，存在内在矛盾，其要求政府放手或改革原有的干预方式，同时政府在改革的创议和实施中拥有主导权力（周志忍，2006）。实际改革中，既得利益、垄断利益是改革的障碍，存在将政府部门利益国家化、既得利益神圣化的观念和做法（陶庆，2015），部分政府工作人员存在反感改革的情绪，例如，政府职能转变要求分权、放权，导致政府工作人员感到地位失落，采取各种手段应付甚至抵制改革（石亚军，2015）。使能动力中，共识构建、组织协同、过程控制的平均得分差异不大。

从地方政府职能转变来看（地方政府职能转变的测量指标的平均得分如表 5.2 所示），行为指标的平均得分（测量指标 Q91、Q92 的平均得分为 4.0789）相对较低，结果指标的平均得分（测量指标 Q93、Q94、Q95、Q96、Q97 的平均得分为 4.3931）相对较高。此结果反映出，相较于地方政府职能转变的实施成效（目标实现状况，即有限政府、高效政府、服务型政府、法治政府、责任政府的建设成效），实施进展（推进速度、任务落实）相对较差。行为指标中，推进速度（Q91）和任务落实（Q92）的平均得分差异不大。结果指标中，服务型政府（Q95）、法治政府（Q96）、责任政府（Q97）建设成效的平均得分相对较高，有限政府（Q93）、高效政府（Q94）建设成效的平均得分相对较低。此结果反映出，相较于服务型政府、法治政府、责任政府建设，有限政府、高效政府的建设成效相对较差。

表 5.2 地方政府职能转变的测量指标的平均得分

测量指标	平均得分
Q91：政府推进政府职能转变的速度较快	4.1308
Q92：政府职能转变的具体任务得到较好落实	4.0269
Q93：政府行政权力得到较大缩减	4.0346

续表

测量指标	平均得分
Q94：政府工作效率得到较大提高	4.1769
Q95：政府公共服务水平得到较大提高	4.5962
Q96：政府依法行政水平得到较大提高	4.5269
Q97：政府责任意识得到较大提高	4.6308

比较东中西部地区的差异，总体上东部地区地方政府职能转变的各项动力因素、地方政府职能转变的平均得分都高于中西部地区，绩效困境除外，绩效困境的平均得分从低到高排序为东部地区、中部地区、西部地区。中西部地区之间，有一些变量的平均得分，中部地区较高，西部地区较低；也有另一些变量的平均得分，中部地区较低、西部地区较高。相较于中西部地区，东部地区的经济社会发展水平较高、速度较快，对外开放程度较高，政府职能转变启动较早、进度较快，政府工作人员和民众的整体素质较高，政府总体绩效较好，因而东部地区地方政府转型压力相对较大，绩效困境相对较小，上级党委/政府、民众、地方党政领导对政府职能转变的推动力度较大，共识构建、组织协同、过程控制落实得较好，地方政府职能转变的实施进展和成效较好。虽然西部地区的转型压力小于中部地区，绩效困境大于中部地区，但由于国家政策对西部地区多有扶持，加上西部地区自身的赶超意识，西部地区存在一些动力因素如政绩导向、共识构建、过程控制等高于中部地区，地方政府职能转变的实施进展和成效好于中部地区。该结果与已有的一些相关研究成果可以互相印证。例如，唐任伍和唐天伟（2011）对政府效率的测度结果显示，东部地区地方政府效率多年来均高于中西部地区地方政府。张鸣（2013）对政府绩效的测量结果显示，东部地区县级政府的总体绩效水平相对较高，西部地区次之，中部地区相对较低。何增科（2014）对前六届“中国地方政府创新奖”获奖项目地区的统计显示，获奖项目最多的是东部地区，其次是西部地区，中部地区最少，东部地区的获奖项目远多于中西部地区。

第二节　验证性因子分析

因子分析可分为探索性因子分析和验证性因子分析，前者所要达成的是建立量表或问卷的结构效度，后者是要检验此结构效度的适切性和真实性（吴明隆，2012）。在第四章第三节对预调查结果的效度检验中，对预调查得到的各项动力因素测量指标数据进行了探索性因子分析，以确认动力因素测量指标的结构效度，进而明确了正式问卷的测量问项。大规模问卷调查完成后，有必要考察实际收集的调查数据是否与动力因素测量指标的因素结构模型契合，检验测量指标是否可以有效作为潜在变量（因素构念）的测量指标。结构方程模型具有先验性，只有确认潜在变量的测量指标是适当的，方能通过结构方程模型对潜在变量之间的关系进行有效的分析。验证性因子分析被认为是结构方程模型分析的前置步骤。本节基于第三章构建的概念模型，以 AMOS 软件为工具，采用一阶验证性因子分析方法，选择固定负荷法和极大似然法进行估计，对情境动力、触发动力、使能动力分别进行验证性因子分析。

一、情境动力

情境动力验证性因子初始模型如图 5.1 所示，初始模型拟合效果如表 5.3 所示。根据表 5.3 可以得到，模型的整体拟合效果不太理想，有 15 项拟合指标没有达到适配的标准或临界值。根据 AMOS 提供的修正指标对初始模型进行修正，修正后的

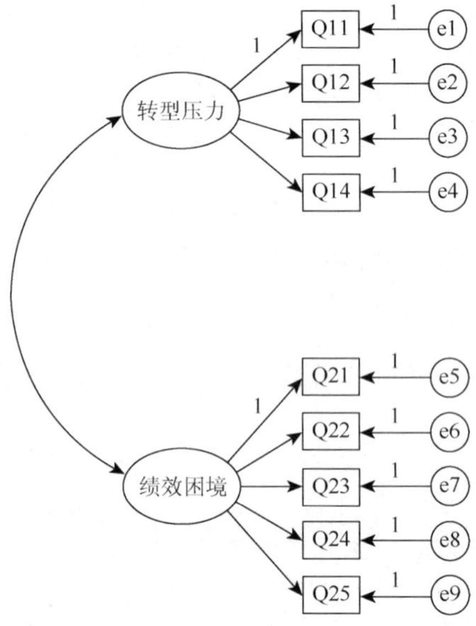

图 5.1 情境动力验证性因子初始模型

模型如图 5.2 所示，修正模型拟合效果如表 5.4 所示。根据表 5.4 可以得到，模型的整体拟合效果已经基本达到理想状态。情境动力验证性因子分析结果如表 5.5 所示。根据表 5.5 可以得到，除 Q24 外，其他各测量指标的因素负荷量均大于 0.7，信度系数均大于 0.5，达到标准要求。测量指标 Q24 虽未达到标准要求，但因素负荷量接近 0.7，信度系数接近 0.5，基本符合标准要求。由此，可以认为这 9 个测量指标可以作为情境动力两个潜在因子的测量指标，其信度是可以接受的。情境动力两个潜在因子的组合信度均高于 0.6，平均变异量抽取值（average variance extracted，AVE）均高于 0.5，达到标准要求。由此，可以认为，情境动力两个潜在因子的信度和收敛效度都是可接受的。

表 5.3　情境动力验证性因子初始模型拟合效果

统计检验量	适配的标准或临界值	检验结果数据	模型适配判断
绝对适配指标			
χ^2 值	P＞0.05（未达显著水平）	Chi-square=174.664 P=0.000	否
RMR 值	＜0.05	0.130	否
RMSEA 值	＜0.08（＜0.05，优良；＜0.08，良好）	0.149	否
GFI 值	＞0.90	0.863	否
AGFI 值	＞0.90	0.763	否
增值适配度指标			
NFI 值	＞0.90	0.852	否
RFI 值	＞0.90	0.795	否
IFI 值	＞0.90	0.871	否
TLI 值（NNFI 值）	＞0.90	0.820	否
CFI 值	＞0.90	0.870	否
简约适配度指标			
PGFI 值	＞0.50	0.499	否
PNFI 值	＞0.50	0.615	是
PCFI 值	＞0.50	0.628	是
CN 值	＞200	68	否
χ^2 自由比	＜3.00	174.664/26=6.72	否
AIC 值	理论模型值小于独立模型值，且同时小于饱和模型值	212.664＞90.000 212.664＜1195.650	否
CAIC 值	理论模型值小于独立模型值，且同时小于饱和模型值	299.317＞295.231 299.317＜1236.696	否

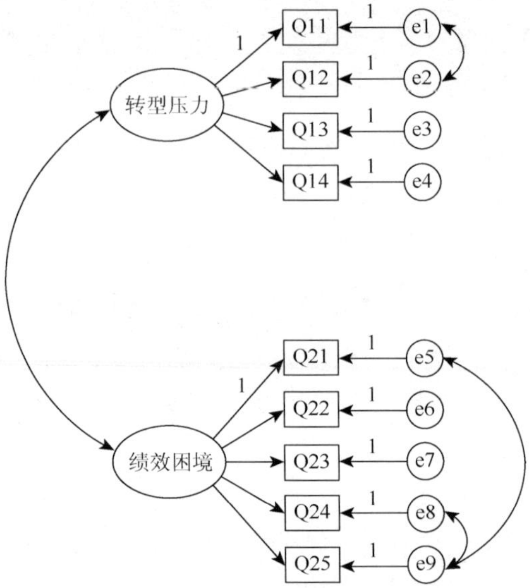

图 5.2　情境动力验证性因子修正模型

表 5.4　情境动力验证性因子修正模型拟合效果

统计检验量	适配的标准或临界值	检验结果数据	模型适配判断
	绝对适配指标		
χ^2值	P>0.05（未达显著水平）	Chi-square=39.872 P=0.016	否
RMR 值	<0.05	0.098	否
RMSEA 值	<0.08（<0.05，优良；<0.08，良好）	0.053	是
GFI 值	>0.90	0.967	是
AGFI 值	>0.90	0.936	是
	增值适配度指标		
NFI 值	>0.90	0.966	是
RFI 值	>0.90	0.947	是
IFI 值	>0.90	0.985	是
TLI 值（NNFI 值）	>0.90	0.977	是
CFI 值	>0.90	0.986	是
	简约适配度指标		
PGFI 值	>0.50	0.494	否
PNFI 值	>0.50	0.617	是
PCFI 值	>0.50	0.629	是
CN 值	>200	220	是
χ^2自由比	<3.00	39.872/26=1.53	是

续表

统计检验量	适配的标准或临界值	检验结果数据	模型适配判断
简约适配度指标			
AIC 值	理论模型值小于独立模型值，且同时小于饱和模型值	83.872＜90.000 83.872＜1195.650	是
CAIC 值	理论模型值小于独立模型值，且同时小于饱和模型值	184.207＜295.231 184.207＜1236.696	是

表 5.5　情境动力验证性因子分析结果

测量指标	因素负荷量	信度系数	测量误差	组合信度	平均变异量抽取值
Q11	0.779	0.607	0.393	0.860	0.606
Q12	0.755	0.570	0.430		
Q13	0.860	0.740	0.260		
Q14	0.712	0.507	0.493		
Q21	0.845	0.714	0.286	0.892	0.623
Q22	0.858	0.736	0.264		
Q23	0.793	0.629	0.371		
Q24	0.695	0.483	0.517		
Q25	0.744	0.554	0.446		

二、触发动力

触发动力验证性因子初始模型如图 5.3 所示，初始模型拟合效果如表 5.6 所示。根据表 5.6 可以得到，模型的整体拟合效果基本达到理想状态。触发动

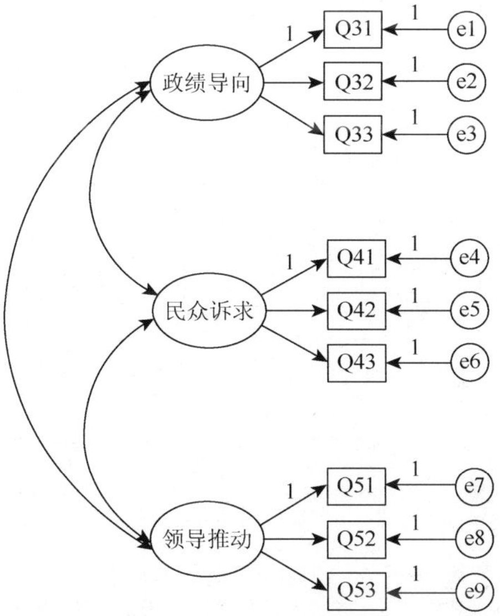

图 5.3　触发动力验证性因子初始模型

力验证性因子分析结果如表 5.7 所示。根据表 5.7 可以得到，除 Q41 外，其他各测量指标的因素负荷量均大于 0.7，信度系数均大于 0.5，达到标准要求。测量指标 Q41 虽未达到标准要求，但因素负荷量接近 0.7，信度系数接近 0.5，基本符合标准要求。由此，可以认为这 9 个测量指标可以作为触发动力三个潜在因子的测量指标，其信度是可以接受的。触发动力三个潜在因子的组合信度均高于 0.6，平均变异量抽取值均高于 0.5，达到标准要求。由此，可以认为，触发动力三个潜在因子的信度和收敛效度都是可接受的。

表 5.6　触发动力验证性因子初始模型拟合效果

统计检验量	适配的标准或临界值	检验结果数据	模型适配判断
绝对适配指标			
χ^2 值	P＞0.05（未达显著水平）	Chi-square=80.491 P=0.000	否
RMR 值	＜0.05	0.116	否
RMSEA 值	＜0.08（＜0.05，优良；＜0.08，良好）	0.067	是
GFI 值	＞0.90	0.939	是
AGFI 值	＞0.90	0.901	是
增值适配度指标			
NFI 值	＞0.90	0.914	是
RFI 值	＞0.90	0.881	否
IFI 值	＞0.90	0.938	是
TLI 值（NNFI 值）	＞0.90	0.906	是
CFI 值	＞0.90	0.937	是
简约适配度指标			
PGFI 值	＞0.50	0.501	是
PNFI 值	＞0.50	0.609	是
PCFI 值	＞0.50	0.625	是
CN 值	＞200	139	否
χ^2 自由比	＜3.00	80.491/24=3.35	否
AIC 值	理论模型值小于独立模型值，且同时小于饱和模型值	122.491＞90.000 122.491＜950.999	否
CAIC 值	理论模型值小于独立模型值，且同时小于饱和模型值	218.266＜295.231 218.266＜992.045	是

表 5.7 触发动力验证性因子分析结果

测量指标	因素负荷量	信度系数	测量误差	组合信度	平均变异量抽取值
Q31	0.771	0.594	0.406	0.843	0.598
Q32	0.779	0.607	0.393		
Q33	0.770	0.593	0.407		
Q41	0.688	0.473	0.527	0.775	0.534
Q42	0.767	0.588	0.412		
Q43	0.736	0.542	0.458		
Q51	0.842	0.709	0.291	0.829	0.618
Q52	0.758	0.575	0.425		
Q53	0.755	0.570	0.430		

三、使能动力

使能动力验证性因子初始模型如图 5.4 所示，初始模型拟合效果如表 5.8 所示。根据表 5.8 可以得到，模型的整体拟合效果基本达到理想状态。使能动

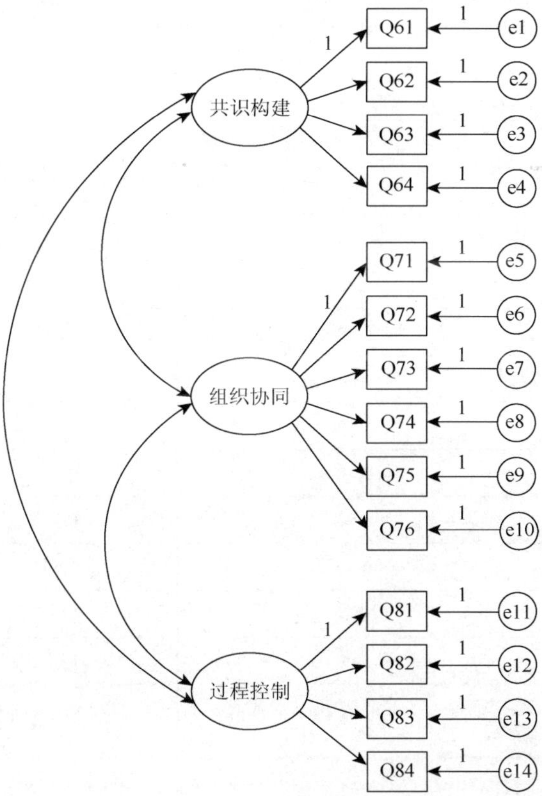

图 5.4 使能动力验证性因子模型

力验证性因子分析结果如表 5.9 所示。根据表 5.9 可以得到，各测量指标的因素负荷量均大于 0.7，信度系数均大于 0.5，达到标准要求。由此，可以认为这 14 个测量指标可以作为使能动力三个潜在因子的测量指标，其信度是可以接受的。使能动力三个潜在因子的组合信度均高于 0.6，平均变异量抽取值均高于 0.5，达到标准要求。由此，可以认为，使能动力三个潜在因子的信度和收敛效度都是可接受的。

表 5.8　使能动力验证性因子初始模型拟合效果

统计检验量	适配的标准或临界值	检验结果数据	模型适配判断
绝对适配指标			
χ^2 值	P＞0.05（未达显著水平）	Chi-square=165.843 P=0.000	否
RMR 值	＜0.05	0.058	否
RMSEA 值	＜0.08（＜0.05，优良；＜0.08，良好）	0.069	是
GFI 值	＞0.90	0.914	是
AGFI 值	＞0.90	0.878	否
增值适配度指标			
NFI 值	＞0.90	0.930	是
RFI 值	＞0.90	0.914	是
IFI 值	＞0.90	0.960	是
TLI 值（NNFI 值）	＞0.90	0.950	是
CFI 值	＞0.90	0.960	是
简约适配度指标			
PGFI 值	＞0.50	0.756	是
PNFI 值	＞0.50	0.780	是
PCFI 值	＞0.50	0.644	是
CN 值	＞200	165	否
χ^2 自由比	＜3.00	165.843/74=2.24	是
AIC 值	理论模型值小于独立模型值，且同时小于饱和模型值	227.843＞210.000 227.843＜2399.294	否
CAIC 值	理论模型值小于独立模型值，且同时小于饱和模型值	369.224＜688.872 369.224＜2463.143	是

表 5.9　使能动力验证性因子分析结果

测量指标	因素负荷量	信度系数	测量误差	组合信度	平均变异量抽取值
Q61	0.808	0.653	0.347	0.884	0.656
Q62	0.790	0.624	0.376		
Q63	0.868	0.753	0.247		
Q64	0.771	0.594	0.406		
Q71	0.718	0.516	0.484	0.882	0.556
Q72	0.747	0.558	0.442		
Q73	0.768	0.590	0.410		
Q74	0.748	0.560	0.440		
Q75	0.774	0.599	0.401		
Q76	0.717	0.514	0.486		
Q81	0.780	0.608	0.392	0.847	0.581
Q82	0.792	0.627	0.373		
Q83	0.732	0.536	0.464		
Q84	0.743	0.552	0.448		

第三节　结构方程模型分析

结构方程模型分析方法是行为与社会科学领域重要的量化分析方法，其基于变量的协方差分析变量之间的关系，可对各种因果模型进行识别、估计和检验。本节以 AMOS 软件为工具，以地方政府职能转变为内因变量，以地方政府职能转变的各项动力因素为外因变量、中介变量，检验第三章提出的研究假设，并对结果进行讨论。

一、初始结构方程模型

基于第三章构建的概念模型，地方政府职能转变动力机制的初始结构方程模型图如图 5.5 所示，其中，椭圆形代表潜在变量，矩形代表观察变量，圆形代表残差项，单向箭号代表直接效果或单方向的路径关系，双向箭号代表相关或共变关系。初始模型中有 9 个潜在变量和 39 个观察变量。具体来说，转型压力、绩效困境属于外因变量，分别对应 Q11～Q14、Q21～Q25 共 9 个观察变量，政绩导向、民众诉求、领导推动、共识构建、组织协同、过程控制属于中介变量，分别对应 Q31～Q33、Q41～Q43、Q51～Q53、Q61～Q64、Q71～Q76、Q81～Q84 共 23 个观察变量，地方政府职能转变属于内因变量，对应

Q91～Q97 共 7 个观察变量。除了外因变量、中介变量、内因变量及其各自的观察变量外，模型中还存在 e1～e39 共 39 个观察变量的残差项及 e41～e46 共 6 个中介变量、内因变量、外因变量的残差项。

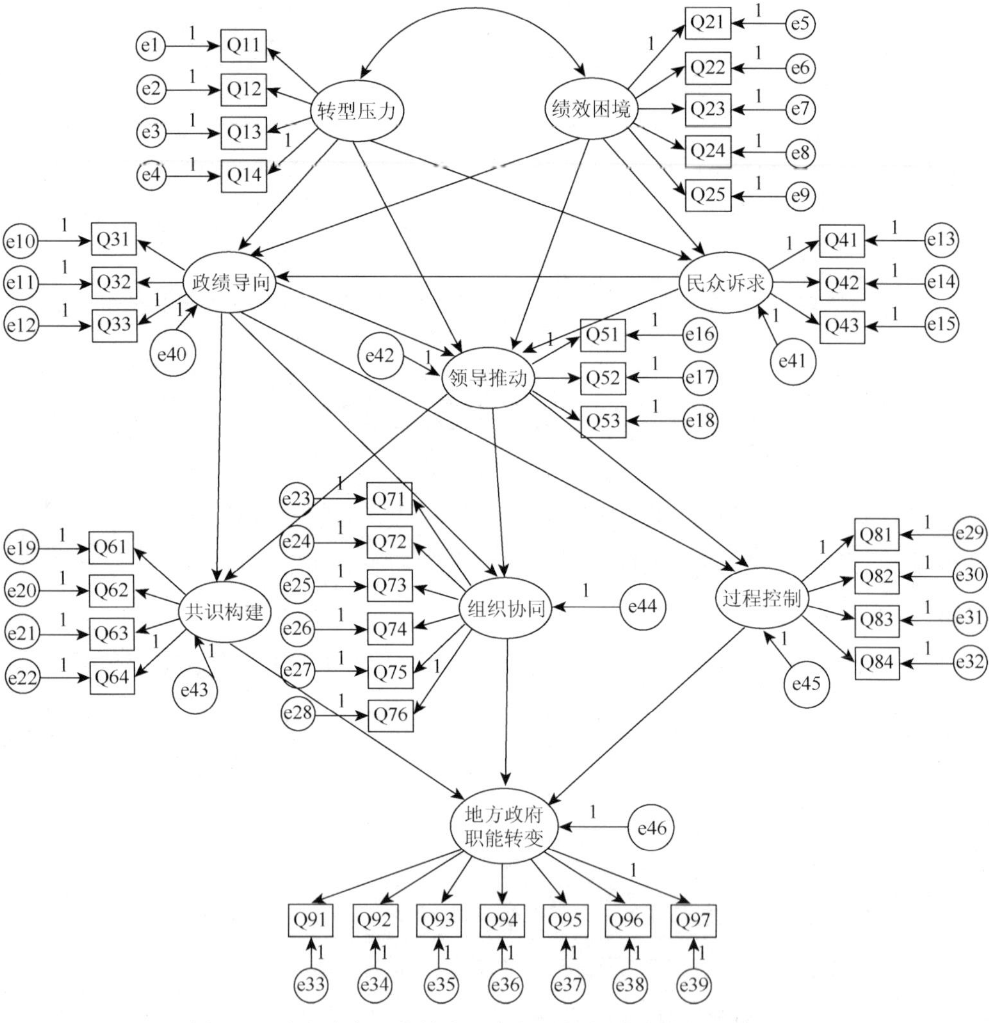

图 5.5　地方政府职能转变动力机制的初始结构方程模型图

二、结构方程模型的拟合与修正

以 AMOS 软件为工具，计算初始结构方程模型的各项参数。地方政府职能转变动力机制的初始结构方程模型的拟合结果如表 5.10 所示，各变量的非标准化路径系数如表 5.11 所示。根据表 5.10，可以得到初始结构方程模型的拟合结果并不理想，有 11 项拟合指标没有达到适配的标准或临界值，尚需进一步改进，促使模型与调查数据相符合。根据表 5.11，可以得到大部分路径的路径系数都在 $P<0.05$ 的水平上达到统计显著性水平，但“绩效困境→民众诉求”“民众诉求→领导推动”两条路径的路径系数未达到统计显著性水平，“绩效困境→政绩导向”“绩效困境→领导推动”“政绩导向→共识构建”“政绩导向→组织协同”“政绩导向→过程控制”五条路径的路径系数与理论预设相反。该结果反映出这五条路径的设置存在一定的问题，无法与调查数据相匹配。由此，需要对初始结构方程模型进行修正。通常来说，初始结构方程模型很少能达到理想的拟合效果，可能的原因是：①所构建的概念模型可能存在问题；②调查数据可能存在偏差。

表 5.10　地方政府职能转变动力机制的初始结构方程模型的拟合结果

统计检验量	适配的标准或临界值	检验结果数据	模型适配判断
绝对适配指标			
χ^2 值	$P>0.05$（未达显著水平）	Chi-square=1474.190 P=0.000	否
RMR 值	<0.05	0.094	否
RMSEA 值	<0.08（<0.05，优良；<0.08，良好）	0.069	是
GFI 值	>0.90	0.765	否
AGFI 值	>0.90	0.731	否
增值适配度指标			
NFI 值	>0.90	0.808	否
RFI 值	>0.90	0.792	否
IFI 值	>0.90	0.884	否
TLI 值（NNFI 值）	>0.90	0.873	否
CFI 值	>0.90	0.883	否
简约适配度指标			
PGFI 值	>0.50	0.670	是
PNFI 值	>0.50	0.745	是
PCFI 值	>0.50	0.814	是
CN 值	>200	136	否
χ^2 自由比	<3.00	1474.190/683=2.16	是

续表

统计检验量	适配的标准或临界值	检验结果数据	模型适配判断
简约适配度指标			
AIC 值	理论模型值小于独立模型值，且同时小于饱和模型值	1668.190＞1560.000 1668.190＜7171.434	否
CAIC 值	理论模型值小于独立模型值，且同时小于饱和模型值	2110.577＜5117.332 2110.577＜7349.300	是

表 5.11　初始结构方程模型各变量的非标准化路径系数

路径	估计值	S.E.	C.R.	*P*
民众诉求←转型压力	0.227	0.092	2.463	0.014
民众诉求←绩效困境	0.059	0.062	0.949	0.343
政绩导向←转型压力	0.344	0.079	4.344	***
政绩导向←绩效困境	−0.156	0.049	−3.170	0.002
政绩导向←民众诉求	0.161	0.064	2.506	0.012
领导推动←绩效困境	−0.076	0.027	−2.788	0.005
领导推动←政绩导向	1.213	0.143	8.477	***
领导推动←转型压力	0.070	0.029	2.427	0.015
领导推动←民众诉求	0.008	0.013	0.621	0.535
共识构建←领导推动	3.982	1.264	3.152	0.002
组织协同←领导推动	4.613	1.488	3.099	0.002
过程控制←领导推动	4.733	1.525	3.104	0.002
共识构建←政绩导向	−4.386	1.700	−2.580	0.010
过程控制←政绩导向	−5.422	2.058	−2.634	0.008
组织协同←政绩导向	−5.255	2.005	−2.621	0.009
地方政府职能转变←共识构建	0.338	0.090	3.763	***
地方政府职能转变←组织协同	0.259	0.109	2.384	0.017
地方政府职能转变←过程控制	0.286	0.102	2.817	0.005

***表示在 0.01 的显著性，水平上显著相关，余表同

基于初始结构方程模型的结果，对模型进行修正，包括：①根据 AMOS 软件运行结果给出的修正指标，增加同一潜在变量的各观察变量的残差项之间的共变关系；②删除未达到统计显著性水平的“绩效困境→民众诉求”“民众诉求→领导推动”两条路径，以及与理论预设相反的“政绩导向→共识构建”“政绩导向→组织协同”“政绩导向→过程控制”三条路径。未删除与理论预设相反的“绩效困境→政绩导向”“绩效困境→领导推动”两条路径是因为若是

删除这两条路径，绩效困境变量将成为孤立的变量。地方政府职能转变动力机制的修正结构方程模型如图 5.6 所示。计算得到修正模型的拟合结果如表 5.12 所示，各变量的非标准化路径系数如表 5.13 所示。根据表 5.12，可以得到模型的整体拟合效果已经基本达到理想状态，大部分适配度指标已达到适配的标准或临界值，个别未到适配标准的适配度指标与适配标准较为接近。根据表 5.13，可以得到路径系数都在 $P<0.05$ 的水平上达到统计显著性水平。由此，可以认为修正后的结构方程模型具有较好的拟合优度，模型中各条路径在

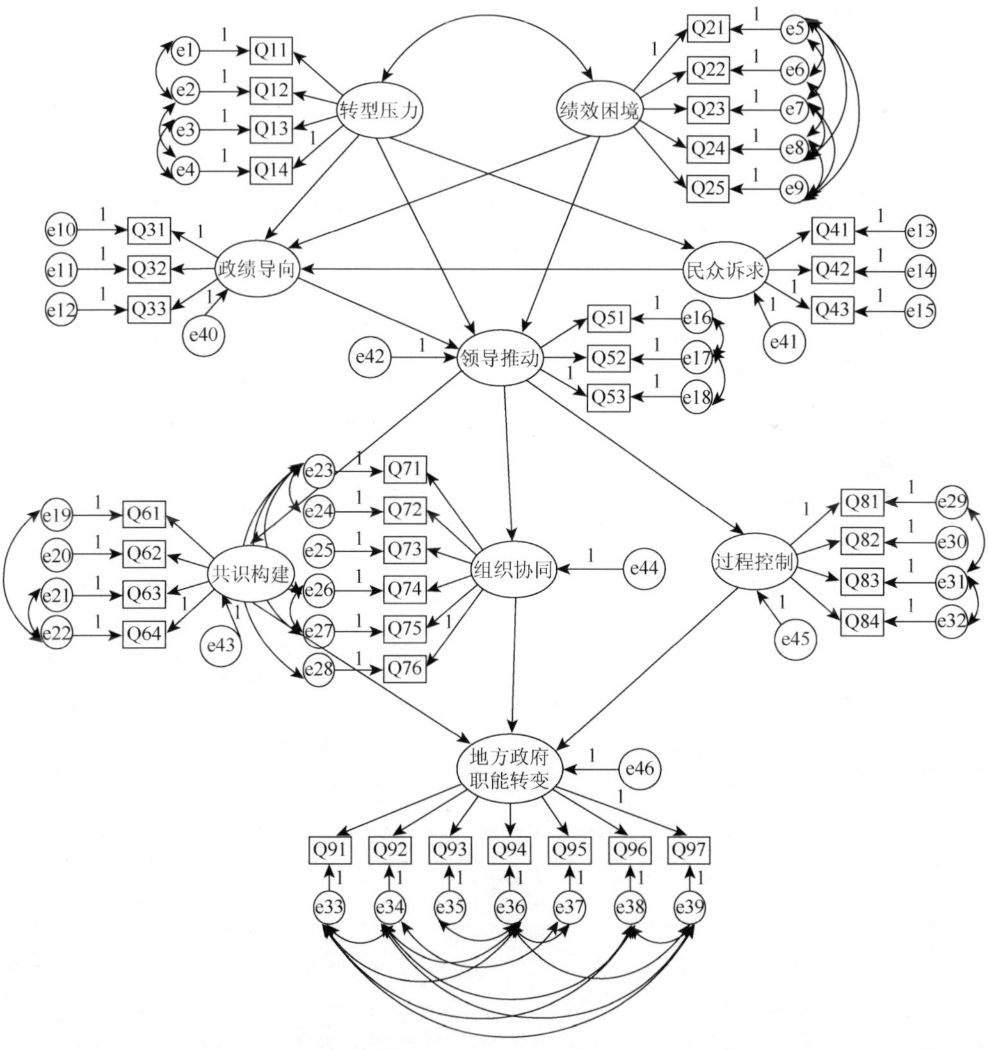

图 5.6　地方政府职能转变动力机制的修正结构方程模型图

统计学意义上是可接受的。总体上，修正后的结构方程模型与调查数据有较好的匹配度，将其确定为最终的结构方程模型。

表 5.12　地方政府职能转变动力机制的修正结构方程模型的拟合结果

统计检验量	适配的标准或临界值	检验结果数据	模型适配判断
绝对适配指标			
χ^2值	P＞0.05（未达显著水平）	Chi-square=1256.649 P=0.000	否
RMR 值	＜0.05	0.069	否
RMSEA 值	＜0.08（＜0.05，优良；＜0.08，良好）	0.058	是
GFI 值	＞0.90	0.851	否
AGFI 值	＞0.90	0.826	否
增值适配度指标			
NFI 值	＞0.90	0.903	是
RFI 值	＞0.90	0.892	否
IFI 值	＞0.90	0.918	是
TLI 值（NNFI 值）	＞0.90	0.906	是
CFI 值	＞0.90	0.917	是
简约适配度指标			
PGFI 值	＞0.50	0.670	是
PNFI 值	＞0.50	0.744	是
PCFI 值	＞0.50	0.809	是
CN 值	＞200	153	否
χ^2自由比	＜3.00	1256.649/654=1.92	是
AIC 值	理论模型值小于独立模型值，且同时小于饱和模型值	1508.649＜1560.000 1508.649＜8074.340	是
CAIC 值	理论模型值小于独立模型值，且同时小于饱和模型值	2083.295＜5117.332 2083.295＜8252.206	是

表 5.13　修正结构方程模型各变量的非标准化路径系数

路径	估计值	S.E.	C.R.	P
民众诉求←转型压力	0.265	0.109	2.433	0.015
政绩导向←转型压力	0.400	0.113	3.538	***
政绩导向←绩效困境	−0.275	0.062	−4.454	***
政绩导向←民众诉求	0.298	0.082	3.660	***

续表

路径	估计值	S.E.	C.R.	*P*
领导推动←绩效困境	–0.192	0.040	–4.787	***
领导推动←转型压力	0.333	0.072	4.597	***
领导推动←政绩导向	0.249	0.046	5.440	***
共识构建←领导推动	1.221	0.138	8.833	***
组织协同←领导推动	1.423	0.154	9.241	***
过程控制←领导推动	1.269	0.137	9.278	***
地方政府职能转变←共识构建	0.252	0.085	2.951	0.003
地方政府职能转变←组织协同	0.247	0.075	3.299	***
地方政府职能转变←过程控制	0.359	0.089	4.048	***

三、假设检验与结果讨论

基于前述结构方程模型分析结果，判断第三章建立的研究假设是否成立，判断结果如表 5.14 所示。

表 5.14　研究假设检验结果

研究假设	检验结果
H1a：转型压力对政绩导向具有显著的正向影响	证实
H1b：转型压力对民众诉求具有显著的正向影响	证实
H1c：转型压力对领导推动具有显著的正向影响	证实
H2a：绩效困境对政绩导向具有显著的正向影响	无法证实
H2b：绩效困境对民众诉求具有显著的正向影响	无法证实
H2c：绩效困境对领导推动具有显著的正向影响	无法证实
H3a：政绩导向对领导推动具有显著的正向影响	证实
H3b：政绩导向对共识构建具有显著的正向影响	无法证实
H3c：政绩导向对组织协同具有显著的正向影响	无法证实
H3d：政绩导向对过程控制具有显著的正向影响	无法证实
H4a：民众诉求对政绩导向具有显著的正向影响	证实
H4b：民众诉求对领导推动具有显著的正向影响	无法证实
H5a：领导推动对共识构建具有显著的正向影响	证实
H5b：领导推动对组织协同具有显著的正向影响	证实
H5c：领导推动对过程控制具有显著的正向影响	证实
H6：共识构建对地方政府职能转变具有显著的正向影响	证实
H7：组织协同对地方政府职能转变具有显著的正向影响	证实
H8：过程控制对地方政府职能转变具有显著的正向影响	证实

根据表 5.14 可以得到，18 项研究假设中有 11 项得到证实，其他 7 项无法得到证实。被证实的研究假设有“转型压力对政绩导向具有显著的正向影响”

"转型压力对民众诉求具有显著的正向影响""转型压力对领导推动具有显著的正向影响""政绩导向对领导推动具有显著的正向影响""民众诉求对政绩导向具有显著的正向影响""领导推动对共识构建具有显著的正向影响""领导推动对组织协同具有显著的正向影响""领导推动对过程控制具有显著的正向影响""共识构建对地方政府职能转变具有显著的正向影响""组织协同对地方政府职能转变具有显著的正向影响""过程控制对地方政府职能转变具有显著的正向影响"。无法证实的研究假设有"绩效困境对政绩导向具有显著的正向影响""绩效困境对民众诉求具有显著的正向影响""绩效困境对领导推动具有显著的正向影响""政绩导向对共识构建具有显著的正向影响""政绩导向对组织协同具有显著的正向影响""政绩导向对过程控制具有显著的正向影响""民众诉求对领导推动具有显著的正向影响"。有必要说明的是，本书的研究以县级政府为调查对象，采集260个县级政府职能转变及其各项动力因素的测量指标数据，进而进行结构方程模型分析。得到的结论实质上针对的是哪些动力因素导致某一些县级政府职能转变相对较快、较好，而其他一些县级政府相对较慢、较差。由此，检验各项动力因素对地方政府职能转变的影响，包括影响为正或为负，以及影响是否显著。

表5.15是AMOS软件中输出的变量的标准化路径系数，表5.16是AMOS软件中输出并经整理得到的各变量间标准化的影响效应。基于表5.15、表5.16，对结构方程模型分析结果开展具体讨论。基于所建立的概念模型及最终结构方程模型，讨论将从四方面展开，分别是情境动力（转型压力、绩效困境）对触发动力（政绩导向、民众诉求、领导推动）的影响；触发动力之间的影响、触发动力对使能动力（共识构建、组织协同、过程控制）的影响；使能动力对地方政府职能转变的影响；各项动力因素对地方政府职能转变的总影响。

表5.15　变量的标准化路径系数

路径	估计值
民众诉求←转型压力	0.204
政绩导向←转型压力	0.273
政绩导向←绩效困境	−0.322
政绩导向←民众诉求	0.264

续表

路径	估计值
领导推动←绩效困境	–0.342
领导推动←转型压力	0.344
领导推动←政绩导向	0.377
共识构建←领导推动	0.932
组织协同←领导推动	0.940
过程控制←领导推动	0.936
地方政府职能转变←共识构建	0.280
地方政府职能转变←组织协同	0.317
地方政府职能转变←过程控制	0.412

表 5.16　变量间标准化的影响效应

变量名称	转型压力	绩效困境	政绩导向	民众诉求	领导推动	共识构建	组织协同	过程控制
政绩导向	0.326	–0.322	—	0.264	—	—	—	—
民众诉求	0.204	—	—	—	—	—	—	—
领导推动	0.467	–0.463	0.377	0.100	—	—	—	—
共识构建	0.435	–0.432	0.352	0.093	0.932	—	—	—
组织协同	0.439	–0.435	0.355	0.094	0.940	—	—	—
过程控制	0.437	–0.434	0.353	0.093	0.936	—	—	—
地方政府职能转变	0.441	–0.437	0.356	0.094	0.944	0.280	0.317	0.412

从情境动力对触发动力的影响来看，转型压力对政绩导向、民众诉求、领导推动有显著的正向影响，直接影响强度从大到小的排序为领导推动（0.344）、政绩导向（0.273）、民众诉求（0.204）。转型压力通过民众诉求影响政绩导向，对政绩导向的总影响效应为 0.326。转型压力通过民众诉求、政绩导向影响领导推动，对领导推动的总影响效应为 0.467。由此得出，转型压力对政绩导向、民众诉求、领导推动具有较强的推动作用。转型压力越大，上级党委/政府、民众、地方党政领导对地方政府职能转变的推动力度越大。对此的解释包括两方面，其一，相较于经济社会发展及经济、社会等其他体制改革，地方政府职能转变是相对滞后的。转型压力越大时，滞后越明显，也就容易被上级党委/政府、民众、地方党政领导感知到，上级党委/政府、民众、地方党政领导对地方现行

职能模式有更多的不满，对新职能模式的引入有更多的要求，进而积极推动地方政府转变职能。其二，转型压力较大的地区，大多是经济社会发展速度较快、水平较高的地区。这些地区有较好的基础和禀赋，也有较多的改革经验。上级党委/政府对这些地区经济社会发展、政府改革的重视和支持程度较高，改革试点常常落于这些地区。这些地区的公民社会发展较好，生活在这些地区的民众的素质及需求层次较高，对地方政府有相对更高的要求和期待，政治参与的活跃度及能力也相对较高。这些地区的党政领导创新精神较强，并且有较好的基础及较多的资源开展创新性改革。前述的描述性统计分析结果也证实了这一点，相较于转型压力平均得分较低的中西部地区，东部地区的政绩导向、民众诉求、领导推动的平均得分相对较高。绩效困境对民众诉求的影响不显著，对领导推动、政绩导向有显著的负向影响，直接影响强度从大到小的排序为领导推动（–0.342）、政绩导向（–0.322）。绩效困境通过政绩导向影响领导推动，对领导推动的总影响效应为–0.463。该结果令人意外但实则符合现实。地方政府绩效困境的存在，虽然能引发上级党委/政府、民众、地方党政领导推动地方政府职能转变，但是并非某地方政府绩效困境越大，上级党委/政府、民众、地方党政领导对地方政府职能转变的推动力度越大。现实中甚至呈现了相反的状况，即绩效困境越大，上级党委/政府、民众、地方党政领导对地方政府职能转变的推动力度反而越小。可能的解释是绩效困境较大的地区，大多是经济社会发展相对落后的地区。这些地区的地方政府改革基础和能力相对较弱，组织惯性、既得利益等改革阻力较强，导致上级党委/政府、地方党政领导对推进地方政府职能转变的态度和做法较为保守。此外，这些地区的民众的需求层次及对政府绩效有待提高的认知程度偏低，对地方政府的要求和期待相对较低，进而对地方政府职能转变的推动力度较低。前述的描述性统计分析结果也证实了这一点，相较于绩效困境平均得分较高的中西部地区，东部地区的政绩导向、民众诉求、领导推动的平均得分相对较高。对转型压力和政绩导向进行相关性分析，可以得到转型压力和绩效困境的相关系数为–0.183，在 0.01 的显著性水平上显著相关。该结果反映出转型压力与绩效困境之间是负相关关系，转型压力越大，绩效困境越小，反之亦然。故而，转型压力、绩效困境对政绩导向、民众诉求、领导推动的影响呈现相反的状况。

从触发动力之间的影响来看，政绩导向对领导推动有显著的正向影响，直接影响强度系数为 0.377。政绩导向对领导推动有较强的推动作用，上级党委/政府对地方政府职能转变的导向性越强，地方党政领导对地方政府职能转变的重视程度和积极性越高，推动力度越大。在我国现行的上下级政府关系、治理机制及官员考核和晋升制度下，政绩导向对地方党政领导的认知和行为有着重要影响。曹正汉（2011）指出，在我国治官权主要由中央政府、省级政府掌握，包括选拔、任命、考核和奖惩的权力，上级政府运筹帷幄，引导、调控和监督地方党政领导的行政活动。对于地方政府职能转变来说，一方面，上级党委/政府将地方政府职能转变的任务下达给地方政府，要求地方党政领导负责推进地方政府职能工作，并对进展与成效进行督查，或是鼓励和支持地方党政领导开展政府职能转变的相关试验探索，对取得较好成效的地方党政领导给予嘉奖。另一方面，当上级党委/政府将地方政府职能转变的进展和成效作为地方党政领导奖惩的依据时，地方党政领导有较强的动机推动地方政府职能转变，以创造政绩，进而获得重用和提拔，以及为所任职的地方政府争取更多的财政拨款、优惠政策、行政权力等。这与前人的实证研究结果可以互相印证。前五届“中国地方政府创新奖”的入围项目中，落实和回应中央改革导向的占 77.9%，纯粹原创性的仅占 10.6%（芦垚等，2011）。陶建武（2015）基于对地方政府创新推动者升迁的统计得到，升迁比例达到 66%，其认为这对地方党政领导推动政府创新形成有效激励。民众诉求对政绩导向的直接影响强度系数为 0.264。民众诉求对领导推动的直接影响不显著，通过政绩导向对领导推动的影响效应为 0.100。周志忍（2010）基于对我国 30 年来行政改革的考察，指出公众需求转换为改革动力、转化为改革意志，进而转化为改革行动和期望效果的转换机制呈现单中心、单一回路的特征。中央高层在转换中发挥着核心作用，公众需求表达具有间接性的特征，需要经历层层上传再自上而下执行落实。对地方党政领导来说，民众对其政绩考核及提拔晋升缺乏足够的话语权和影响力，也缺乏有力的约束机制要求地方党政领导回应民众诉求，从而导致民众诉求对领导推动缺乏直接影响，需要通过政绩导向进而影响领导推动。这与前人的实证研究结果可以互相印证。梁莹（2010）基于对南京市“市民论坛”的案例考察，研究得到被调查公民通过市民论坛与政府官员进行沟通与互动是有限的，地方政府的回应性较低。杨蓉蓉（2014）基于对人民网《地方领导留言板》的分析，研究指出地方党政领导对民众诉求的回应性不强，存在回应迟缓且行动有限的问题。梁莹（2010）、杨蓉蓉（2014）的研究都在一定程度上反映了地方党政领导对民众诉求的回应存在欠缺。倪星（2006）指出，我国属于典型的压力型体制，自上而下下达任务，并与考核检查、官员奖惩等相配套，以此推动地方政府活动。民众对地方政府活动的参与度较低，政府与民众之间缺乏广泛的交流与沟通，民众评议对政府部门及其工作人员的奖惩缺乏影响。地方政府的合法性主要依赖于政绩合法性，而非民众的认可与接受。正是这样的现状导致政绩导向对领导推动的影响力明显高于民众诉求对领导推动的影响力。

从触发动力对使能动力的影响来看，领导推动对共识构建、组织协同、过程控制均具有显著的正向影响，影响强度系数分别为 0.932、0.940、0.936。地方党政领导作为地方政府的实际管理者，直接影响地方政府职能转变的相关行动，其影响力相对最高。政绩导向通过领导推动对共识构建、组织协同、过程控制的影响效应分别为 0.352、0.355、0.353。上级党委/政府对地方政府运作有着控制力，间接影响地方政府职能转变的相关行动，具有较强的影响力。周黎安（2014）认为我国的纵向治理机制采取的是行政发包制。上级政府是发包方，地方政府是承包方，作为承包人的地方政府拥有许多自由裁量权，即有相当大的自主性去实施完成上级的目标、任务，长期沿用的“属地管理”机制也强调辖区内的事件由辖区行政首脑负责，上级政府对地方政府工作绩效主要采取结果导向的验收考核[①]。在这样的机制下，领导推动对共识构建、组织协同、过程控制的直接影响强，而政绩导向对共识构建、组织协同、过程控制的影响主要是间接的，影响强度比领导推动弱。民众诉求通过政绩导向、领导推动对共识构建、组织协同、过程控制的影响效应分别为 0.093、0.094、0.093。民众诉求对地方政府职能转变相关行动的影响具有间接性和被动性。只有上级党委/政府、地方党政领导体察和回应民众诉求，民众诉求才能影响地方政府职能转变的相关行动（周志忍，2010）。此外，民众诉求表达机制不完善，民众诉求

① 针对我国的政府纵向治理机制，存在其他的观点，如集权-分权、分割的权威主义、中国式联邦制、职责同构、压力型体制、十字形博弈、轴心辐射等（薛立强和杨书文，2010）。虽然学者的认识存在差异，但基本都认同地方政府具有相当的自主权，地方党政领导是地方政府活动的责任人。

进入政府系统的渠道不通畅，政府对民众诉求缺乏反馈与回应，影响了民众诉求对上级党委/政府、地方党政领导的影响力，以及民众表达诉求的积极性。故而，民众诉求对共识构建、组织协同、过程控制属于间接影响，且影响强度远弱于领导推动、政绩导向。

从使能动力对地方政府职能转变的影响来看，共识构建、组织协同、过程控制对地方政府职能转变均具有显著的正向影响，影响强度从大到小的排序为过程控制（0.412）、组织协同（0.317）、共识构建（0.280）。共识构建、组织协同、过程控制对地方政府职能转变具有较强的推动作用，其中，过程控制的推动作用相对较强，组织协同次之，共识构建的推动作用相对较弱。地方政府职能转变是一项系统工程，需要一系列互相协同配合的具体行动推进地方政府职能转变，最终成功实现地方政府职能转变，否则，地方政府职能转变仅停留在意愿、计划上，得不到落实和实现。在实施过程中，未有效推进各项具体行为，执行不力，也会造成地方政府职能转变的失败。共识构建、组织协同、过程控制对于更快、更好地推进地方政府职能转变、成功实现地方政府职能转变都是不可或缺的。使能动力（共识构建、组织协同、过程控制）对于不同的组织变革来说具有共通性。第三章提出研究假设时，已指出前人研究中肯定了共识构建、组织协同、过程控制对组织变革的推动作用。结构方程模型分析的结果证实了共识构建、组织协同、过程控制对地方政府职能转变这一组织变革类型的推动作用，并得出了这三项动力因素对地方政府职能转变的影响强度。

从各项动力因素对地方政府职能转变的总影响效应来看，转型压力、政绩导向、民众诉求、领导推动、共识构建、组织协同、过程控制对地方政府职能转变均具有显著的正向影响，影响强度从大到小的排序为领导推动（0.944）、转型压力（0.441）、过程控制（0.412）、政绩导向（0.356）、组织协同（0.317）、共识构建（0.280）、民众诉求（0.094）。绩效困境对地方政府职能转变具有显著的负向影响，影响强度为–0.437。领导推动对地方政府职能转变的推动作用最强，政绩导向对地方政府职能转变的推动作用居于第四，民众诉求对地方政府职能转变的推动作用居于末位。在我国当前的地方政府职能转变中，地方党政领导的地位十分重要。长期以来，在我国地方政府管理中，决策、执行、监督等权力往往集中于地方党政领导手中，特别是“一把手”（王连伟，2014）。

地方党政领导的意志很大程度上决定了地方政府的工作重心。获得地方党政领导支持的工作，容易得到重视，也容易得到资源支持，进而容易得到推进和落实，取得较好的成效。笔者曾对浙江省某县级市十八大后的政府改革进行过跟踪调研。该县级市在推进全面深化改革的过程中，县委书记扮演非常关键的角色。改革的总体计划与部署主要来源于县委书记的构思。在县委书记强有力的推动之下，各职能部门及下属街道/镇将改革任务作为重点工作，出台具体实施方案，推进改革。我国地方政府职能转变主要是自上而下推动的，是中央政府主导下的有计划组织变革，推动地方政府职能转变的主要力量来自体制内部。近年来，地方政府在政府职能转变方面有很多试验探索，但这些试验探索遵循上级党委/政府的部署与要求，与上级党委/政府的改革导向相一致，同时需要上级党委/政府提供合法性支持及实践空间。民众诉求对地方政府职能转变存在影响，地方政府职能转变是对民众期待与关切的回应，但由于公民社会发展不成熟、民众与政府的互动与沟通机制不完善、民众对政府活动的了解度和影响力有限，民众诉求对地方政府职能转变的影响有限。由此，上级党委/政府的推动作用较强，民众的推动作用较弱，这与前人研究的结论基本一致。陈雪莲和杨雪冬（2009）基于对地方政府工作人员的问卷调查，得到关于地方政府创新的主要推动者，58.7%的被调查者认为主要领导干部排在第一位，15.1%认为上级政府排在第一位，14.9%认为广大群众排在第一位。转型压力对地方政府职能转变的推动作用居于第二，绩效困境对地方政府职能转变具有显著的负向影响。转型压力的推动较强，这与前人实证研究的结论相一致。董礼胜（2012）基于对浙江省公务员群体的实证调查得到，经济转型对行政改革影响深刻，90%的公务员认为影响行政改革的因素是计划经济向市场经济转型。关于绩效困境的负向影响，前述已经对可能的原因进行了探讨，绩效困境较大的地方政府，改革基础和能力相对较弱，相关主体对改革的认知与行动相对保守。转型压力较大、绩效困境较小的多是发达地区地方政府，而转型压力较小、绩效困境较大的多是落后地区地方政府，转型压力的正向影响与绩效困境的负向影响，在现实中会造成发达地区与落后地区之间地方政府职能转变的差距增大，这在已有的研究中也有印证。何增科（2014）对前六届“中国地方政府创新奖”获奖项目地区的统计显示，东部地区的创新活跃度呈现上升态势，中西部的创新活跃度呈现下降趋势。过程控制、组织协同、共识构建对地方政府职能转变的推动作用分别居于第三、第五、第六。推进地方政府职能转变，不仅是对内外部情境变化的回应，来自相关主体的推动，还需要过程控制、组织协同、共识构建的推动，才能成功实现转变。使能动力对地方政府职能转变的进展与成效有着重要影响。

综上可以得出：①从情境动力来看，转型压力对地方政府职能转变的推动作用较强，其通过影响触发动力、使能动力，进而影响地方政府职能转变。转型压力越大，上级党委/政府、民众、地方党政领导对地方政府职能转变的推动力度越大，地方政府职能转变的实施进展和成效相对越好。绩效困境对地方政府职能转变缺乏推动作用。绩效困境越大，并不导致上级党委/政府、民众、地方党政领导对地方政府职能转变的推动力度增大。②从触发动力来看，政绩导向对地方政府职能转变的推动作用较强，其通过影响领导推动、使能动力进而影响地方政府职能转变。民众诉求对地方政府职能转变的推动作用较弱，其通过影响政绩导向，进而影响领导推动、使能动力，再进而影响地方政府职能转变。领导推动对地方政府职能转变的推动作用强，其通过影响使能动力，进而影响地方政府职能转变。上级党委/政府、民众、地方党政领导都是地方政府职能转变的推动者。其中，地方党政领导的推动作用强，上级党委/政府的推动作用较强，民众的推动作用较弱。③从使能动力来看，共识构建、组织协同、过程控制对地方政府职能转变均具有较强的推动作用。加强共识构建、组织协同、过程控制，有助于更快、更好地推进地方政府职能转变。其中，加强过程控制的效果相对较好，组织协同次之，加强共识构建的效果相对较差。

第六章　地方政府职能转变的实现路径

本章在第五章统计分析结果的基础上，提出地方政府职能转变的实现路径，以期对进一步推进我国政府职能转变工作、实现政府职能转变目标提供决策参考。第五章描述性统计分析结果显示，当前我国地方政府职能转变的实施进展与成效处于中等略偏上的水平，有待更快、更好地推进政府职能转变。如何更快、更好地推进地方政府职能转变？从动力因素和动力机制的角度出发，措施包括两方面，分别是提升动力因素本身及提升动力因素的影响强度。本书拟通过构建正式的、非正式的一整套制度安排，强化地方政府职能转变的各项动力，从而更快、更好地推动地方政府职能转变。根据第五章描述性统计分析及结构方程模型分析的结果，主要基于以下具体思路提出地方政府职能转变的实现路径。

（1）情境动力。由于转型压力和绩效困境是地方政府的内外部情境因素，对于地方政府来说是给定的，不考虑提升转型压力和绩效困境本身。结构方程模型分析结果显示，转型压力对政绩导向、民众诉求、领导推动有显著的正向影响，影响强度较强。绩效困境对政绩导向、领导推动有显著的负向影响，影响强度较强，对民众诉求的影响不显著。故而考虑提升转型压力对政绩导向、民众诉求、领导推动的正向影响强度，转变绩效困境对政绩导向、民众诉求、领导推动的负向及不显著影响，使其对政绩导向、民众诉求、领导推动产生显著的正向影响。通过推行科学诊断，包括健全专家顾问制度、优化政府绩效评估，促使上级党委/政府、民众、地方党政领导对转型压力、绩效困境形成正确的认知，进而促使上级党委/政府、民众、地方党政领导积极推动地方政府转变职能。

（2）触发动力。描述性统计分析结果显示，民众诉求的平均得分较高，政绩导向次之，领导推动的平均得分相对较低。结构方程模型分析结果显示，政绩导向对领导推动有显著的正向影响，且影响强度较强。民众诉求对政绩导向、领导推动有显著的正向影响，但影响强度较弱。领导推动对共识构建、组织协同、过程控制有显著的正向影响，且影响强度强。故而考虑提升民众诉求对政绩导向、领导推动的正向影响强度，同时提升政绩导向、领导推动本身。通过发挥主体合力，包括加强地方改革统筹部署，提高上级党委/政府对地方政府职能转变的导向性。改进诉求表达机制，促进民众诉求进入政府系统，得到上级党委/政府、地方党政领导的重视和回应。增强地方领导改革动机，促使地方党政领导积极推动地方政府职能转变。

（3）使能动力。描述性统计分析结果显示，相较于情境动力和触发动力，使能动力的平均得分相对较低。结构方程模型分析结果显示，共识构建、组织协同、过程控制对地方政府职能转变均具有显著的正向影响，且影响强度较强。故而考虑提升共识构建、组织协同、过程控制本身。通过加强变革管理，包括构建改革共识、推进系统变革、加强过程控制，促进地方政府职能转变的有效实施。地方政府职能转变的实现路径如图 6.1 所示，以下分别探讨各具体实现路径。

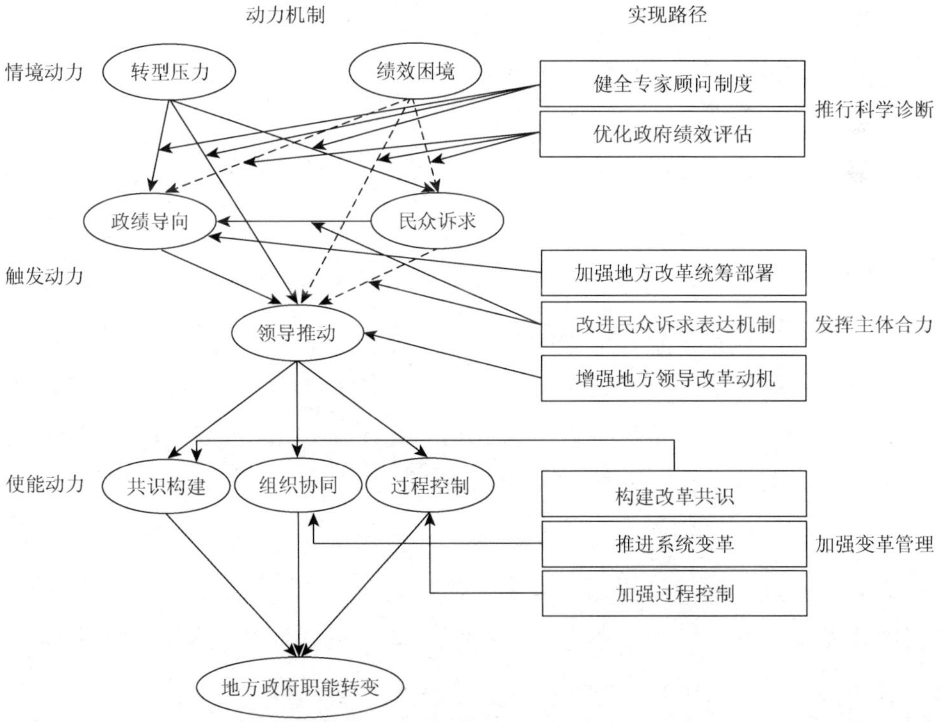

图 6.1　地方政府职能转变的实现路径

第一节 推行科学诊断，重构情境动力

诊断是有计划组织变革的起点。诊断类似于医生了解患者到底得了什么病，进而才能对症开药、治病救人。组织变革的基本目标有两个：一是提高组织对外部环境变化的适应能力；二是解决组织存在的绩效困境。由此，在组织变革之前，需要对内外部情境进行科学的诊断，以准确地了解外部环境变化对组织提出的适应性要求及组织存在的亟待加以解决的绩效困境。对于地方政府职能转变来说，健全专家顾问制度、优化政府绩效评估，有助于科学、准确地诊断地方政府面临的转型压力和存在的绩效困境，重构情境动力，使上级党委/政府、民众、地方党政领导等相关主体形成正确的认知，进而推动地方政府转变职能。

一、健全专家顾问制度

很多组织变革，都有专家顾问的身影，包括外部顾问和内部专家。专家顾问影响相关主体对组织变革的认知与行为（Rafferty et al.，2013）。大量组织变革的成功案例，证实了专家顾问对组织变革的重要价值。随着客观环境的变化，组织也需要做出相应的调整和改变，但相关主体往往发现，不知道组织需要在哪些方面进行变革及如何进行变革。这可能是由于专业知识和技能的缺乏，也可能是受限于固有认知、观念的影响，或是未掌握必要的信息资料。专家顾问的作用在于为组织提供智力支持，帮助相关主体（尤其是组织的管理者）对组织事件、组织环境进行认识、理解和行动。发挥好专家顾问的作用，有助于更好地推动组织变革，促使组织变革获得成功。

在地方政府职能转变中，专家顾问发挥着重要作用。从外部顾问来看，外部顾问对地方政府职能转变能够起到有力的促进作用。例如，四川省在推进政府职能转变工作中，成立了推进职能转变协调小组专家组，专家组成员来自党校、社会科学院、高校等大专院校及社会科学研究机构，研究领域涉及行政管理、公共管理、经济和法律等方面，职责主要是对政府职能转变事项进行评估，

组织开展调查研究，提出推进政府职能转变的意见和建议。从内部专家来看，政府内部的政策研究机构在政府创新中常常扮演重要角色（吴建南等，2007）。以浙江省某县级市的政研室为例，该政研室围绕地方经济社会发展中的全局性、战略性和改革发展中的重点难点问题，进行调查研究，主题涉及地方经济发展形势、社会管理创新、地方公共政策、地方公共服务等，为市委、市政府推进政府职能转变提供决策参考和支持。

对于地方政府职能转变，专家顾问的作用主要体现在两个方面：一是资政建言，凭借自身的专业优势，通过对经济社会发展及政府改革的相关重要问题开展广泛、深入的调研，研究经济社会发展及政府改革中出现的新情况、新问题和新需求，帮助政府了解改革发展的现状与趋势，为推进地方政府职能转变提供有针对性的、科学有效的政策建议，供政府决策者参考；二是舆论引导，基于专家的权威地位，通过发布研究报告、解读公共政策、提供专业意见等，传播主流思想价值，引导社会舆论热点，帮助民众了解改革发展的现状与趋势，促使其对地方政府职能转变形成正确的认知。为更好地发挥专家顾问在地方政府职能转变中的作用，需要建立健全专家顾问制度。

一是完善研究成果应用转化机制。每年都有大量的关于政府职能转变的研究成果，有的来自政府内部，有的来自政府外部，有的是政府委托的调研课题，有的是自主选择的研究。以 CNKI 数据库检索到的期刊论文为例，仅 2016 年，主题关于政府职能转变、政府改革、行政（体制）改革的期刊论文达到 1437 篇。这些研究成果中不乏对地方政府职能转变工作具有参考价值和实践指导意义的研究成果。如何更有效地利用这些研究成果？可以鼓励通过政策内参、人大议案、政协提案等多元渠道进入政府系统，同时鼓励通过各类媒体平台向社会公开。政府决策层有必要建立广泛、高效的政策建议搜集与筛选机制，搜集有参考价值和实践指导意义的关于地方政府职能转变的研究成果，并通过专业评审及公开的辩论平台等进行有效筛选。

二是完善决策专家意见征集制度。在地方政府职能转变相关重要决策出台之前，通过座谈会、研讨会、论证会、书面征询等方式，广泛地听取和征询外部顾问、内部专家的意见和建议，对决策进行公开的探讨，请专家对决策的可行性、有效性等做出客观的评价并提出优化决策的建议。基于专家顾问的意见和建议，对决策进行修改和完善。政府决策层需要提高对决策专家意见征集的重视，建立完善规范化的制度，推进专家意见与政府决策的良性互动，对专家意见做出反馈和回应。专家意见征集不应成为走过场的形式，而应真正有助于政府决策的调整和优化，提高政府决策的质量。

三是健全政府购买咨询服务制度。加强政府与外部智库的联系与合作。对于地方政府职能转变相关的重要问题与决策，通过政府购买服务的方式，向高校智库、科研院所智库、社会智库等购买咨询服务。由专家根据政府的实际情况与需要，开展专门的调查研究，提供专业的咨询报告和对策方案。政府在专家提供的咨询报告和对策方案的基础上，进行相关决策，提高决策的质量。政府每年都有大量的课题委托外部智库进行调研。未来，可以更多、更好地利用这种形式，扩大政府购买咨询服务的范围，建立健全政府与智库之间的交流与合作机制，优化完善政府购买咨询服务的程序与标准，推进政府购买咨询服务的规范化、制度化及公开化。

四是完善专家顾问舆论引导机制。专家顾问的服务对象不仅包括政府，还包括民众。民众主要通过公开的报告、解读、讨论等了解政府活动，进而形成对政府活动的态度。专家顾问具有专业优势和权威地位，其关于地方政府职能转变的研究成果、公共政策解读及提出的相关意见和建议等，能提高民众对地方政府职能转变的关注，帮助民众更好地了解地方政府职能转变，形成正确的认知，凝聚改革共识，促进民众对地方政府职能转变的支持与认同。可以推动专家顾问通过新闻媒体、网络平台等多元公共渠道发表关于地方政府职能转变的研究成果，以及见解和意见，构建专家顾问与民众的互动平台，引导和传播主流舆论。

二、优化政府绩效评估

Donaldson（1999）指出，组织绩效的变化可成为组织变革的重要动因。当组织绩效较为低下时，组织遭遇危机，进而诉诸组织变革，通过组织变革，解决绩效困境，促使组织绩效达到令人满意的水平。绩效评估是对组织绩效水平的评价，是对组织绩效变化的监测。绩效评估有助于相关主体形成对组织绩效的准确认识。相关主体从个体主观认知与经验出发，对组织绩效的判断可能出现偏差。绩效评估是采用科学的方法和手段进行的评估，能帮助相关主体准确地把握组织绩效，有助于相关主体推动组织变革。当绩效评估结果令相关主体不满时，相关主体有意识、有目的地推动组织变革，提高组织的绩效水平。

20 世纪以来，绩效评估已成为政府改进工作效率、提高服务质量的重要管理工具，并受到广泛的关注。从我国的实践来看，典型经验如青岛市的绩效评估模式。青岛市的绩效评估做法于 2010 年获得“中国地方政府创新奖”。青岛模式始于 1999 年，该模式将“督事、评绩、考人、查纪”相结合，主要特点包括：将主要经济社会生态指标及重点工作任务目标作为关键绩效指标；鼓励因地制宜，根据区位情况设置评估指标；扩大评估的民主参与，以民众评价作为绩效检验的标准；注重考核结果的应用，将考核结果与考核对象的激励、培训有机结合等（包国宪和曹西安，2007）。2010 年获得“中国地方政府创新奖”的是青岛的多样化民考官机制，在对各区市和市直单位目标绩效考核中，采取电话民意调查、市民评议、特邀考官考核、第三方评价等不同方式，让更多的民众参与政府绩效考核，使得考核过程民主化，考核结果更好地体现民意。又如杭州市的绩效评估模式，早在 2000 年，杭州市推出“满意单位与不满意单位”评选活动。2005 年，将满意与不满意评选活动与目标责任制考核相结合，推进综合考核。2011 年，从综合评估迈入绩效管理，进一步优化评估指标、目标考核、社会评价。2015 年 8 月，杭州市第十二届人民代表大会常务委员会议通过《杭州市绩效管理条例》，以立法的形式确定绩效管理的方式、方法，该条例的主要内容包括绩效管理规划和年度绩效目标、过程管理、年度绩效评估、结果运用、绩效问责。

对于地方政府职能转变，政府绩效评估的重要作用在于让上级党委/政府、民众、地方党政领导等相关主体准确地了解和把握地方政府的绩效水平及其存在的绩效困境，促使相关主体推动地方政府转变职能，来解决绩效困境、提升绩效水平。为更好地发挥绩效评估在地方政府职能转变中的作用，需要优化政府绩效评估，可主要从以下四个方面着手。

一是推进绩效评估常态化。通过建立健全常态化的绩效评估制度，对政府绩效进行持续的跟踪监测，准确地把握政府绩效的变化与趋势。杭州市的经验值得借鉴，通过地方立法的方式，明确绩效评估的方式、方法，推进绩效评估制度化、规范化、标准化。对绩效评估实行全过程管理，建立专门的绩效管理机构，将绩效计划与绩效评估相结合，将日常监测与综合考核相结合，建立智能化、整合的绩效管理信息系统，实现绩效信息的动态跟踪、共享利用及决策支持。

二是优化绩效评估的指标。绩效评估指标用以表征和衡量被评估对象的绩效。基于绩效评估指标收集绩效评估信息，进而分析得出绩效评估结果。准确、全面地评估政府绩效，需要建立科学、有效的绩效评估指标体系。可以通过再评估的方法，对绩效评估指标的合理性、效用性、可行性、精确性等进行考察，调整优化实践中政府采用的绩效评估指标体系。政府绩效评估指标体系的调整优化，要以科学发展观为指引，加强社会管理、公共服务相关的评估指标，加强民众满意度、信任度等与社会评价相关的评估指标，并提高这些评估指标的权重。

三是推进评估主体多元化。评估主体是指提供绩效评估信息的个体或群体。理论上，任何利益相关者都可以成为评估主体。多元化的评估主体有助于提供全面的评估信息，增进评估结果的准确性和客观性。我国的政府绩效评估实践中，上级评估、自我评估是最为常见的，近年来虽多有推进社会评估、专家评估等，但评估主体较为单一的状况总体上仍未得到改变。需要重视并扩大以公众为核心，包括人大、政协、企业、社会组织、媒体、专业评估机构等外部评估主体对政府绩效评估的参与，采取多元化的评估方式（如第三方评价、民意调查、市民评议、特邀考官考核等），提高外部评估主体相关指标在政府绩效评估中的权重。此外，有必要通过法律的形式明确外部评估主体的权利和地位，为外部评估主体参与政府绩效评估提供法律保障。

四是增强评估结果反馈与应用。绩效评估结果的反馈与应用是实现绩效评估预期目标的重要环节。加强绩效评估结果的反馈与应用：其一是向政府相关人员反馈绩效评估结果，帮助其了解存在的问题，提供改进绩效的建议，进而促进提升绩效水平；其二是向社会公开绩效评估结果，通过媒体进行宣传，让更多人知道和了解绩效评估结果，这既是对绩效评估的有效监督，也有助于民众对政府绩效水平形成准确的认知；其三是将绩效评估结果作为人员奖惩（晋升、任免、降职、薪酬变动等)、资源配置(财政拨款、行政权力、机构设置、人员安排)等方面的重要依据,促使政府相关人员积极推动提升政府绩效水平,但同时要避免简单、刚性地将绩效评估结果与人员奖惩、资源配置等挂钩。

第二节 发挥主体合力,强化触发动力

变革推动者是指推动变革的个体或群体(Weick and Quinn,1999;Walker et al.,2007)。变革推动者可以是领导者也可以是非领导者,可以来自组织内部也可以来自组织外部。在组织变革的引入与实施过程中,变革推动者发挥着重要作用,包括动员组织成员、外部利益相关者及参与支持推进变革实施等。对于地方政府职能转变来说,变革推动者主要有上级党委/政府、民众及地方党政领导。为更有效地发挥该三类主体的推动作用,有必要加强地方改革统筹部署、改进民众诉求表达机制、增强地方领导改革动机,从而强化政绩导向、民众诉求、领导推动三项动力因素。

一、加强地方改革统筹部署

在政府组织体系中,上级政府与下级政府之间存在着领导与被领导、指导与被指导的关系。上级政府能够成为地方政府改革有力的推动者,通过指挥、命令、指导、监督等方式,推动地方政府开展改革,既包括直接下达改革要求与任务,由地方政府贯彻落实,也包括提供政策支持及优惠条件,鼓励地方政府开展创新探索。当前我国地方政府改革中,上级党委/政府的推动影响地方党政领导对改革是否重视、是否支持、是否积极推动,影响地方政府改革能否开展、能否持续及能否获得成功。

对于政府职能转变,近年来,中央及省级层面进行了统筹谋划、总体部署。在中央层面,十八届三中全会部署“加快政府职能转变”的工作任务主要包括“健全宏观调控体系,健全以国家发展战略和规划为导向、以财政政策和货币政策为主要手段的宏观调控体系,深化投资体制改革,完善发展成果考核评价体系;全面正确履行政府职能,进一步简政放权,深化行政审批制度改革,加强中央政府宏观调控职责和能力,加强市场活动监管,加强各类公共

服务提供，加快事业单位分类改革，加大政府购买公共服务力度；优化政府组织结构，深化机构改革，理顺部门职责关系”。省级层面的统筹部署如浙江省第十三届委员会第四次会议通过的《中共浙江省关于学习贯彻党的十八届三中全会精神 全面深化改革再创体制机制新优势的决定》，其部署“加快转变政府职能”的主要任务包括“继续深化行政审批制度改革，推进以精简机构、精简人员为重点的机构改革，优化政府职责体系和组织机构体系，深化行政执法体制改革，推进县市政府权力公开规范运行，全面清理政府部门职责，建立公开政府权力清单制度”。

上级党委/政府的统筹部署有效推进了地方政府职能转变工作，为地方政府转变职能提供了导向与指南，明确了地方政府职能转变的目标与任务。在上级的统筹部署下，地方政府职能转变更具系统性、整体性和协同性，推进了地方政府职能转变的有效实施。更好地发挥上级党委/政府对地方政府职能转变的推动作用，需要进一步加强上级党委/政府对地方政府职能转变的统筹部署。加强地方改革统筹部署，主要涉及以下三个方面。

一是加强地方改革顶层设计。十八届三中全会对全面深化改革做出了整体部署，各省级政府遵循十八届三中全会精神对全面深化改革也做出了省级层面的总体谋划，中央及各省（区、市）都成立了全面深化改革领导小组。当前，上级党委/政府明确了现阶段地方政府职能转变的主要目标和任务，在此基础上，加强上级党委/政府对地方政府职能转变的顶层设计。一方面是根据经济社会的发展变化及改革推进中的实际情况与问题，修正优化顶层设计，部署阶段性的行动计划；另一方面是对地方政府职能转变的具体路径进行总体部署，如行政审批制度改革、机构改革、社会管理创新、公共服务供给等。

二是构建政策措施保障机制。制定出台支持地方政府职能转变的政策措施，为地方政府职能转变提供有力的保障，包括为地方政府职能转变提供政策支持、财政支持、政治支持，下放行政权力，调整修改法律法规，调整优化政绩考核等。通过创造良好的制度环境和实践空间，激发地方党政领导的改革热忱，破解地方政府职能转变的阻力，鼓励地方政府积极推进政府职能转变，尤其是对于先试先行的地方政府职能转变试点探索和创新实践，需要上级政府/党委提供合法性支持及优惠条件，并加大支持和保障力度。

三是推广地方典型经验。近年来，地方政府在政府职能转变方面有很多探索创新，取得了较好的成效，积累了丰富的经验。不少探索创新被实践证明是成功的、有效的。虽然地方探索创新是区域性的，但很多具有代表性、可借鉴性、可复制性。上级党委/政府应加强对地方政府职能转变典型经验的总结提炼及宣传推广，作为相关政策、法律制定及修改的重要依据，将地方典型经验上升为中央或省级层面的政策和法律，使之在更大的范围发挥作用。此外，上级党委/政府可以有目的、有计划地选择一些条件较好的地方政府进行政府职能转变的综合或专项试点工作，通过试点工作积累改革经验，检验做法的可行性和有效性，探索地方政府职能转变的有效途径，进而调整优化总体部署。

二、改进民众诉求表达机制

民众是政府改革的重要推动者。民众向政府提出改革诉求，政府回应民众诉求，进而推动改革。民众的改革诉求往往源自其对政府的不满与不信任，政府通过回应民众诉求，能够提高民众对政府的满意度和信任度，构建良性的互动。当前，在我国的政府改革中不乏民众的呼声，中央做出的全面深化改革的决定是对民众期待和关切的回应，但同时民众对政府改革的话语权和影响力还有待提高。政府与民众缺乏有效的沟通与互动，民众对政府改革缺乏广泛的参与，政府活动的公开透明度不高，政府对民众诉求的回应性不强。

如何有效加强政府与民众的沟通与互动？政府开展了很多的实践探索。典型的地方经验如浙江省温岭市的“民主恳谈”。温岭民主恳谈是我国基层协商民主的典范式样本，其始于 1999 年，多年来不断完善和发展。当前已形成以党内民主协商、政党协商、人大协商、政府协商、政协协商、基层组织协商、人民团体协商、社会组织协商等八种主要形式为内容的协商民主体系。通过协商民主，将民众纳入公共事务决策系统，保障民众的话语权，提高民众的影响力。例如，泽国镇开展的参与式预算协商，全镇 18 周岁以上选民随机抽选 240 名代表，共同审议政府预算，政府基于民主协商结果修改预算项目。又如杭州市的《我们的圆桌会》。《我们的圆桌会》是一档民生类电视栏目，是党政、院校、企业行业、媒体共同参与的互动交流平台，由杭州市委/市政府办公厅、宣传部、发展研究中心、杭州市文广集团等单位牵头，目的是通过搭建多元的媒体平台促进政府与社会之间的有效及时沟通，传播“开放式决策”。栏目每周对 1～2 个话题进行深入探讨，话题注重民众关心与党政界关心相结合，嘉宾包括党政、市民、媒体、知识界、企业等各界代表，各界代表坐在一起，公开、理性地沟通交流，激发集体智慧，凝聚共识。

随着民众对政府期待与要求的提高，以及面对政府现实中存在的绩效困境，民众关注并要求地方政府转变职能。虽然民众诉求较为迫切和强烈，但对政府的影响力有限。增强民众诉求对地方政府职能转变的推动作用，需要改进民众诉求表达机制，促使民众诉求得到政府的重视与回应。基于已有的做法与经验，改进民众诉求表达机制，可主要从以下三方面入手。

一是畅通多元化的民众诉求表达渠道。实践中存在很多的民众诉求表达渠道，包括政党、人大、政协、政府、社会组织、媒体等，形式有会议、电话、书信、网络等，地方典型探索如民主恳谈、听证会、民主评议会、网络问政、电视问政等。虽然民众诉求表达渠道很多，但存在渠道不通畅的问题。普通民众难以方便、快捷、直接地通过诉求表达渠道向政府传递诉求。有必要从民众的角度出发，对现有的民众诉求表达渠道进行梳理、整合，畅通民众诉求表达渠道，并通过传统媒体、新媒体对民众诉求表达渠道进行宣传，扩大社会影响，使民众了解可以通过哪些渠道表达诉求并在需要表达诉求时方便通过诉求表达渠道向政府传递诉求，让政府及时、准确地了解其关切与要求。

二是构建常态化的民情民意调查制度。除畅通多元化的民众诉求表达渠道外，政府还可以主动作为，通过建立常态化的民情民意调查制度，收集和了解民众的期望与需求。实践中，各级政府都开展了一些民情民意调查，针对的内容主要包括政府的重点工作、经济社会发展的重大问题及民众关切的热点问题等。健全民情民意调查制度，需要推进该工作的制度化、规范化、专业化与标准化，依托政府网站、政府热线、政务微博、微信公众号等平台，定期对民众诉求进行调查，既包括基本情况的常规调查，也包括对一些热点问题的专项调查。此外，有必要建立完善的民情民意调查数据库，对民情民意进行动态追踪和研究分析，全面准确地把握民众诉求的现状与未来趋势。健全完善第三方民情民意调查机制，通过政府购买服务的方式，委托专业调查机构开展常规或专项的民情民意调查。

三是健全民众诉求表达反馈与回应机制。民众利益的有效表达，不仅传递利益诉求，让政府了解民众的关切与要求，还回应利益诉求，政府要对民众的关切与要求做出反馈与回应。当前，政府对民众诉求表达的反馈与回应缺乏刚性的制度约束，存在缺乏回应、回应不及时、回应不当等问题。有必要通过建立健全信息公开制度，反馈与回应工作制度、救济制度、问责制度等，加强政府对民众诉求表达的有效反馈与回应。

三、增强地方领导改革动机

地方党政领导是地方政府改革的关键推动者。在我国的地方政府改革实践中，很多改革创新都是由地方党政领导推动的。地方党政领导是改革的设计者和决策者，也是改革的支持者和执行者。地方党政领导面对上级要求、民众诉求，从工作实际情况与需要出发，构想改革的蓝图及具体路径，进而做出决策推进改革。在改革的过程中，地方党政领导通过信息传递、参与、支持等方式，可以有效地推进改革的实施，促使改革获得基层领导、普通工作人员的重视，获得各类资源的有效支持，顺利地推进各项改革措施的落实，提升改革成效。同时，地方党政领导的推动，也有助于获得民众对地方政府改革的认同与支持。

从地方经验来看，地方党政领导在政府职能转变实践中扮演着多元角色。梳理有关实践做法，包括建立地方政府职能转变领导小组，统筹协调推进地方政府职能转变工作；党政一把手主抓地方政府职能转变，将地方政府职能转变作为政府重点工作，推进具体改革措施的落实；通过会议、谈话等方式，肯定地方政府职能转变的重要意义与作用，沟通和明确地方政府职能转变的目标与任务，凝聚改革共识；对政府部门及下级政府部署地方政府职能转变的相关任务工作；批示和支持政府部门及下级政府推进职能转变工作；督查地方政府职能转变的落实情况；自身是地方政府职能转变的工作内容。根据改革的要求和任务，领导需要做出某种调整、改变或者说其是地方政府职能转变的某一环节。

加强地方党政领导对地方政府职能转变的推动作用，可从增强其改革动机着手。人的行为是由动机决定的，动机是推动个体行为的直接动力，可以通过有目的地影响个体动机进而引导个体行为（袁凌，2004）。地方党政领导推动地方政府职能转变主要有两种动机：一是出于社会责任感，想要为地方发展做贡献；二是获取晋升、声望等名利动机（李景鹏，2007；杨雪冬，2008）。由此提出，增强地方党政领导改革动机的具体措施包括以下三个方面。

一是加强地方党政领导培训交流。加强地方党政领导的教育培训。通过有针对性、有计划地开展教育培训，增强地方党政领导的社会责任感，树立正确的政绩观，促使地方党政领导从思想认识上提升对地方政府职能转变重要性的认识，进而促使其积极推动地方政府职能转变。加强地方党政领导之间的学习与交流。通过实地考察、经验交流等方式，发挥示范效应，推动地方党政领导互相学习借鉴，进而互相促进推动地方政府职能转变。

二是优化地方党政领导政绩考核。政绩考核对地方党政领导行为具有重要的导向作用。中组部 2013 年出台《关于改进地方党政领导班子和领导干部政绩考核工作的通知》，提出官员政绩考核要突出科学发展导向，不以简单的地区生产总值和增长率论英雄，把社会进步、民生改善、生态效益等实绩和指标作为考核的重要内容。在中组部出台的文件精神基础上，进一步改进地方党政领导的政绩考核。将地方政府职能转变工作任务的落实情况、主动或有创新性地开展地方政府职能转变相关工作的情况及反映地方政府职能转变目标的相关指标（如简政放权、行政效率、公共服务、依法行政、责任意识等）纳入考核内容并提高相关指标的权重，促使地方党政领导重视和积极推动地方政府职能转变。

三是改进地方党政领导选拔晋升。选拔一批有理想、有见识、有魄力、有创新精神的领导者进入地方政府的领导层，这些领导者可为地方政府职能转变带来新的理念与思路，有力地推动地方政府职能转变。将地方政府职能转变的实施进展与成效作为地方党政领导晋升的重要考查内容，促使地方政府党政领导重视推动地方政府职能转变。但要注意的是，对地方党政领导的考核要避免短期化、简单化等，这可能会导致地方政府职能转变工作沦为“政绩工程”。

第三节　加强变革管理，再造使能动力

组织变革是一项系统工程，其经由计划、沟通、参与、资源配置、调整人力资源实践、调整组织结构与流程、调整信息系统、考核、反馈等一些具体行动（Kotter，1995；Whelan-Berry and Somerville，2010）。这些具体行动是否互相配合、是否顺利开展，影响组织变革的推进及最终能否成功。对于地方政府职能转变来说，需要引入变革管理的科学方法与工具，对实施过程中的相关具体行动进行系统管理，包括构建改革共识、推进系统变革、加强过程控制，更好地发挥使能动力对地方政府职能转变的推动作用。

一、构建改革共识

组织变革要顺利推进并取得预期成效，需要得到相关主体的赞同和支持。共识构建一方面是推动相关主体认同变革，另一方面是消除相关主体对变革的抵制，这如同是一个硬币的两面。罗宾斯和贾奇（2012）指出变革推动者可采取以下方式增强相关主体对组织变革的认同和消除抵制，包括教育与沟通、参与、促进与支持、谈判、操作与收买、强制。具体来说，教育与沟通是帮助相关主体了解组织变革，其可通过小组讨论、个别交谈、报告、备忘录等形式实现。参与是吸纳相关主体参与组织变革过程，获得其对组织变革的认同和承诺。促进与支持是为相关主体因组织变革而做出的调整或面对的问题提供支持和帮助，如培训、咨询等。谈判是通过某些有价值的东西换取变革抵制者的让步。操作与收买带有利用和欺骗的性质，可能会对变革推动者、组织变革带来负面影响。强制是通过压力和威胁促使相关主体接受变革。已有实证研究证实，决策参与、高质量的沟通都能有效促进相关主体接受和认同组织变革（Rafferty et al.，2013）。

对于政府职能转变，共识构建一直是关键环节。例如，浙江省舟山市的大部门制改革，舟山市在推进新区新政体制创新工作过程中，重视凝聚改革共识。为统一全市上下的认识，市委先后召开多次会议，组织开展“勇担使命、四干兴舟”教育实践活动，市委主要领导多次与市儿套班子、县区党政主要领导和部分市直部门负责人进行沟通交流，听取其对改革的意见与建议，将新区新政体制创新列入市委主要领导的重点调研课题，广泛调研听取各方意见，先后赴浦东、滨海等地区进行学习考察，专程到国家部委请教。在改革初步方案形成后，多次召开专题探讨会、四套班子务虚会充分探讨，并征求省直有关部门的意见，完善初步方案。由市委全会扩大会议审议通过改革方案后，报省委、省政府审批。在省委、省政府批准后，召开新区新政体制创新工作动员大会，进行全面动员部署。再如，嘉兴市国土资源行政审批制度改革，在推进改革的过程中，市国土资源局专门成立以局长任组长的国土资源行政审批制度改革工作领导小组，协调解决改革实施过程中遇到的问题。市国土资源局党委先后召开 5 次相关会议，研究明确改革的内容及进展。市局党委和班子成员、各处室（单位）负责人赴杭州学习考察，局长办公会议多次专门研究具体的实施意见和方案。市局下发实施细则等相关文件，明确改革的目标、要求，并将改革列入市局与县（市、区）工作目标考核重要内容，市长与县（市、区）长、局长与县（市、区）国土资源局（分局）局长签订授权委托书，确保工作顺利开展。

当前，各级地方政府及其下属部门党政领导、普通工作人员、民众对地方政府职能转变的了解和认同都有待进一步提高，尤其是政府普通工作人员和民众。从地方政府的实际出发，借鉴已有做法与经验，可主要从以下两个方面构建领导、普通工作人员、民众三类主体对地方政府职能的共识。

一是加强主体间的双向沟通，包括领导之间、领导与普通工作人员之间、政府与民众之间。沟通的主要功能包括控制、激励、情绪表达和信息传递，其是构建组织变革共识最为重要的手段。对于领导之间的沟通，通过专题探讨会、个别谈话等方式进行反复沟通，促使推进具体工作的党政领导准确、全面地了解政府职能转变的目标、任务，获得其对地方政府职能转变的认可与承诺。对于领导与普通工作人员之间的沟通，通过领导讲话、工作部署、动员会、座谈会、个别谈话等方式，促使普通工作人员了解和认可地方政府职能转变的目标、任务。通过沟通反馈，促使领导了解普通工作人员对地方政府职能转变的认知、态度和建议。对于政府与民众之间的沟通，通过政府信息公开、媒体宣传、座谈会等方式，促使民众了解和认可地方政府职能转变的目标、任务。通过沟通反馈，促使政府了解民众对地方政府职能转变的认知、态度和建议。

二是扩大改革决策的民主参与，包括基层领导、普通工作人员和民众。个体往往会认同和支持其参与做出的决策，参与有助于构建组织变革共识。在确定地方政府职能转变目标和任务，出台地方政府职能转变实施方案之前，要广泛地征求政府基层领导、普通工作人员及民众的意见建议。根据反馈的意见建议，调整优化目标、任务及实施方案，多次往复，最终确定目标、任务及实施方案，促使目标、任务及实施方案被尽可能多的个体所接受和认同。扩大决策参与，需要重视以下三点，其一，要建立正式的制度，即建立刚性约束。将基层领导、普通工作人员、民众的参与作为地方政府职能转变实施方案出台前必要的前置步骤。其二，保证参与主体的代表性。扩大参与主体的覆盖面，让基层领导、普通工作人员、民众等都能够参与地方政府职能转变目标、任务及具体实施方案的确定。其三，畅通决策参与的渠道。从参与者的便利出发，构建多元化的参与渠道，使得基层领导、普通工作人员、民众参与的意见建议能方便、快捷地通过多种渠道进入决策层。其四，保障决策参与的有效性。决策参与的有效性涉及参与者坦诚地提供有用的意见建议、决策者对参与者的意见建议做出回应并接受合理的意见建议两方面。通过强调重要性、匿名、奖励等多种方式，促使参与者坦诚地提供有用的意见建议；通过刚性约束，促使决策者对参与者的意见建议做出及时、有效的反馈与回应。

二、推进系统变革

组织是由一系列互相联系、互相依赖的子系统构成的。某一子系统的变革会影响其他的子系统。若其他子系统不做出相应的变革，会引发组织功能失调、失效，影响组织变革的成效。组织实施某项变革，要求相关管理活动进行相应的调整，互相协调、匹配。例如，引入信息系统，必然会要求组织架构、业务流程、资源配置、人力资源管理等与之相匹配，否则信息系统的引入会遭遇失败。组织变革，尤其是改变旧范式、引入新范式的二阶变革，更要注意变革的系统性、整体性和协同性。实践中，不少组织变革失败的原因是，变革缺乏系统性和协调性，仅调整了组织管理活动的某些方面，那些未调整但又对组织变革有影响的管理活动影响了组织变革的有效实施，阻碍了组织变革获得成功。

对于地方政府职能转变，推行系统变革、全面变革，有助于地方政府职能转变的有效实施。例如，舟山市的大部门制改革在改革方案设计中注重系统性，在工作部署中注重整体性，在实施中注重协同性，取得了较好的成效。在改革方案制定方面，研究制定“1+3”改革系统方案，即《关于创新浙江舟山群岛新区行政体制的若干意见》总方案和市属部门机构改革方案、经济功能区设置方案、乡镇（街道）行政区划调整方案三个子方案。在工作部署方面，对市、县（区）部门机构改革、经济功能区设置、乡镇（街道）区划调整等重点工作，以及与之相配套的干部人事安排、舆论宣传、资产处置、组织纪律、社会稳定、办公用房配置等统筹考虑、统一部署。在具体实施中，市、县（区）、乡镇（街道）三级联动，整体推进，制定工作计划表、流程图、重点任务清单，使机构改革、职能整合、干部调配等上下联动，取得良好的实施成效。两区两县在机构改革和区划调整中，把握工作节点和进度，加强思想政治和社会稳定工作，保障体制创新工作顺利推进。机构改革中组建的领导组、专项组及各临时党组尽心尽责，协调、有序、高效推进改革，确保改革具有较强的共识、统一的秩序，各单位职责明确，分工协作。

从我国地方政府职能转变的实践来看，存在系统性、整体性和协同性不高的问题，影响了地方政府职能转变的有效实施。某些相关管理活动调整滞后或者未进行相应调整，导致地方政府职能转变的实施进展与成效不佳，无法达成预期目标，有待加强地方政府职能转变的系统性、整体性和协同性。推进系统变革，借鉴已有的做法与经验，可主要从以下三个方面入手。

一是加强改革的系统设计。在地方政府职能转变方案的设计阶段，要开展广泛的调研，征集各方的意见，进行反复的论证，明确地方政府职能转变的目标、主要任务、工作要求、任务分工、进度安排、考核标准及配套的保障机制等。方案设计要注重系统性，在总方案的基础上，进一步制定各项主要任务的子方案。同时，基于主要任务，对舆论宣传、财政支持、人事安排、组织纪律等各项保障机制进行统筹考虑及具体安排。

二是加强改革的整体部署。在地方政府职能转变的工作部署阶段，明确领导者及负责统筹协调、督查考核的单位，明确各项主要工作的责任单位及责任人，布置具体的工作任务及工作要求，明确辅助单位、后勤单位的任务及职责。要注重上下级政府和同级政府各部门之间的协调、配合，确保改革方案中的各项工作都落实到具体的单位和个人。

三是协同推进改革具体措施。在地方政府职能转变的工作推进阶段，各责任单位按照工作部署及工作要求，各司其职，互相配合，协同推进改革的具体措施，确保实施方案中的各项工作得到切实落实。发挥好改革统筹协调单位的作用，建立以主要党政领导、各职能部门负责人为成员的协调小组，下设与具体改革任务对应的专项组及综合组、督查组、法制组、信息化组、专家组等功能组，发挥好协调小组作用，牵头推进改革工作，推动解决改革中遇到的困难及重难点问题，督促各项改革措施的有效落实。

三、加强过程控制

从组织变革引入到组织变革实现，需要经历一个过程。在变革过程中，组织变革可能会出现偏差，也可能会遭遇各种问题。保障组织变革得到有效实施与成功实现，需要对组织变革进行全过程的管理，包括制定计划，确定组织变革的推进步骤和路线，推动组织变革按照预定的计划进行实施；考核进展，通过对实施进展与成效进行评估和跟踪，掌握变革的推进状况，及时发现出现的问题及偏差；及时反馈，基于对实施进展与成效的监测，对组织变革实施做出必要的调整，解决存在的问题，纠正出现的偏差，同时有效激励组织成员推进组织变革。

对于地方政府职能转变，对过程进行严格的管理，有助于更快、更好地推进地方政府职能转变。例如，嘉兴市的行政权力清理，其在有限时间内得到快速推进并最终完成部门权责清理工作，得到各界的认可和满意，得益于严格的过程控制。市政府根据省级层面推行权力清单制度的要求，全面部署推动部门权力清单制度工作，出台《嘉兴市人民政府关于推行政府部门权力清单制度的意见》《关于开展政府部门权责清理推行权力清单制度有关事项的通知》，明确行政权力清理的目标、范围、任务、程序及时间要求。在此基础上，按照“三报三回”的工作流程要求，开展权责清理。第一阶段为期一个半月，由部门完成权责清理，报送市编委办，由编委办审核小组分别审核，反馈审核意见。第二阶段为期一个月，由部门根据编委办的反馈意见，对权力清单进行调整，再次报送市编委办。编委办从各部门抽调人员，与编委办人员一起组成审核比对小组，开展对市级部门权力清单与省级部门权力清单的比对规范及市、县（市、区）两级部门权力清单的比对审核。经集中审核后，向部门反馈审核意见。第三阶段为期一个半月，部门根据编委办的第二次反馈意见，对权力清单再次清理和完善，第三次报送市编委办。编委办再次组织人员集体审核，编制政府部门权力清单征求意见稿，书面征求市人大、政协、纪委、市政府经济建设咨询委员会的意见，以及在政府门户网站征求社会各界的意见，同时报请市领导审核，根据反馈意见进行进一步完善。最终，由政府常务会议审议通过，并通过政府门户网站向社会公布。

从我国地方政府职能转变的实践来看，存在对过程缺乏有效、严格控制的问题，造成地方政府职能转变执行不力，影响了地方政府职能转变的有效实施，有待加强地方政府职能转变的过程控制。从地方政府的实际出发，借鉴已有的做法与经验，可主要从以下三个方面加强地方政府职能转变的过程控制。

一是明确改革路线图、时间表。基于地方政府职能转变的目标和主要任务，制定改革任务书，明确改革路线图、时间表。路线图、时间表互相呼应，应具有合理性、有效性和可操作性，并在政府内部及向社会公开。在地方政府职能转变过程中，根据路线图、时间表，有序推进地方政府职能转变工作，按照路线图落实具体措施，按照时间表在时限内完成工作。改革路线图、时间表是地方政府职能转变绩效监测和反馈的基准。

二是做好改革的实施状况监测。建立地方政府职能转变工作督查组，明确地方政府职能转变实施进展与成效监测的责任单位。建立健全地方政府职能转变实施进展与成效监测制度，构建科学、有效的实施进展与成效监测指标体系，明确实施进展与成效的监测方法，定期从多元渠道收集监测数据，加强政府基层工作人员、民众对地方政府职能转变实施进展与成效监测的参与，运用好大数据、云计算、互联网+等技术手段，科学、准确地监测地方政府职能转变的实施进展与成效，持续跟踪地方政府职能转变的推进情况，及时发现出现的偏差及存在的问题，并向社会公开，提高政府职能转变工作的透明度，加强对政府职能转变工作的监督。

三是加强改革的实施状况反馈。根据实施进展与成效监测结果，改进地方政府职能转变的实施，纠正实施过程中出现的偏差和问题，确保各项改革措施得到全面落实，更快、更好地推进地方政府职能转变。此外，根据实施进展与成效监测结果，对推进地方政府职能转变的相关人员进行合理的奖惩，对积极推进地方政府职能转变并取得良好成效的相关人员进行嘉奖，对执行不力的相关人员予以问责，有效激励相关人员推动地方政府职能转变。

第七章 结　语

本章将对前述研究得到的主要结论进行概述，并指出本书的创新点及存在的不足之处。在此基础上，对未来研究的可能方向加以展望。

第一节 主要结论

政府职能转变是我国当前及今后相当长时间内全面深化改革的主要任务。本书针对现实中地方政府职能转变实施存在的地区间不平衡现象，组织惯性、既得利益等阻力，以及协调与控制不力等问题，学术研究中对政府职能转变动力因素、动力机制研究尚不充分的状况，研究探讨地方政府职能转变的动力机制与实现路径。首先，系统调研并梳理总结国内外关于政府职能转变的相关研究成果，提出本书的研究切入点；其次，在借鉴参考国内外相关已有研究成果的基础上，基于组织变革理论，构建地方政府职能转变动力机制的分析框架，明确地方政府职能转变的关键动力因素，提出具体的研究假设，建立地方政府职能转变动力机制的概念模型；再次，根据所建立的概念模型，设计开发地方政府职能转变的动力因素与实施状况调查问卷，明确地方政府职能转变及其各项动力因素的测量指标，在基于预调查结果对问卷进行修正之后，以县级政府为调查对象，发放问卷，收集测量指标数据；然后，对收集的调查数据进行统计分析，包括描述性统计分析、验证性因子分析、结构方程模型分析，分析得到地方政府职能转变及其各项动力因素的现状并检验所提出的研究假设；最后，基于统计分析结果，并结合地方政府的现实需要及实践中的已有做法和经验，提出地方政府职能转变的实现路径。概括来说，本书得到了以下六方面的主要结论：

（1）地方政府职能转变动力机制的分析框架。在系统梳理组织变革动力研究的基础上，提出了一个地方政府职能转变动力机制的分析框架。在这个分析框架中，地方政府职能转变的动力因素包括情境动力、触发动力、使能动力。情境动力是指导致政府现行职能模式危机的动力因素，包括外部情境动力因素和内部情境动力因素。触发动力是导致政府新职能模式引入的动力因素，与影响地方政府决策和行动的主体有关。使能动力是导致政府新职能模式取代政府现行职能模式的动力因素，与地方政府职能转变执行的具体行动有关。地方政府职能转变动力机制的主路径是情境动力影响触发动力，进而影响使能动力，最终影响地方政府职能转变。

（2）地方政府职能转变动力机制的概念模型。基于所构建的地方政府职能转变动力机制分析框架，以理论指引、文献调研、访谈研究三种方法互相印证，明确地方政府职能转变具体的关键动力因素。其中，情境动力包括转型压力、绩效困境；触发动力包括政绩导向、民众诉求和领导推动；使能动力包括共识构建、组织协同和过程控制。基于组织变革理论及已有的其他相关研究成果，提出了具体的研究假设，明确了转型压力、绩效困境、政绩导向、民众诉求、领导推动、共识构建、组织协同、过程控制八项动力因素之间的联系及对地方政府职能转变的影响，建立了地方政府职能转变动力机制的概念模型。

（3）地方政府职能转变及其各项动力因素的测量指标。基于各变量的概念内涵、已有相关研究中采取的测量指标及小规模访谈结果，明确地方政府职能转变及其各项动力因素的测量指标。开展预调查，检验测量指标的信度和效度，检验结果表明除个别指标外，测量指标具有较好的信度和效度。基于预调查结果，修正地方政府职能转变及其各项动力因素的测量指标。在开展大规模调查之后，采用验证性因子分析方法，对地方政府职能转变动力因素的理论构思进行了进一步检验，检验结果表明地方政府职能转变动力因素测量指标具有较好的结构效度。对于最终的测量指标，地方政府职能转变的各项动力因素分别有3～6项测量指标，地方政府职能转变有7项测量指标。

（4）地方政府职能转变及其各项动力因素的实际测度。以县级政府为调查对象，开展大规模问卷调查。基于问卷调查收集的数据，对地方政府职能转变及其各项动力因素进行了描述性统计分析。总体来说，地方政府职能转变及其各项动力因素的平均得分处于中等略偏上的水平。具体来看，对于动力因素的平均得分，触发动力的平均得分相对较高，情境动力次之，使能动力的平均得分相对较低。东部地区县级政府的平均得分高于中西部地区县级政府的平均得分（绩效困境除外）。对于地方政府职能转变的平均得分，行为指标的平均得分低于结果指标的平均得分，东部地区县级政府的平均得分高于中西部地区县级政府的平均得分。

（5）地方政府职能转变的动力机制。基于问卷调查所收集的数据，采用结构方程模型分析方法对提出的具体研究假设进行了检验。结构方程模型经过修正后，拟合结果基本达到理想状态，与实际调查数据具有较好的适配度。基于结构方程模型分析方法结果，被证实的研究假设有“转型压力对政绩导向具有显著的正向影响”“转型压力对民众诉求具有显著的正向影响”“转型压力对领导推动具有显著的正向影响”“政绩导向对领导推动具有显著的正向影响”“民众诉求对政绩导向具有显著的正向影响”“领导推动对共识构建具有显著的正向影响”“领导推动对组织协同具有显著的正向影响”“领导推动对过程控制具有显著的正向影响”“共识构建对地方政府职能转变具有显著的正向影响”“组织协同对地方政府职能转变具有显著的正向影响”“过程控制对地方政府职能转变具有显著的正向影响”。无法证实的研究假设有“绩效困境对政绩导向具有显著的正向影响”“绩效困境对民众诉求具有显著的正向影响”“绩效困境对领导推动具有显著的正向影响”“政绩导向对共识构建具有显著的正向影响”“政绩导向对组织协同具有显著的正向影响”“政绩导向对过程控制具有显著的正向影响”“民众诉求对领导推动具有显著的正向影响”。从情境动力对触发动力的影响来看，转型压力对政绩导向、民众诉求、领导推动具有显著的正向影响，影响强度从大到小的排序为领导推动、政绩导向、民众诉求。从触发动力之间及触发动力对使能动力的影响来看，政绩导向对领导推动具有显著的正向影响，影响强度较强。民众诉求对政绩导向具有显著的正向影响，影响强度较弱。领导推动对共识构建、组织协同、过程控制具有显著的正向影响，影响强度强。从使能动力对地方政府职能转变的影响来看，共识构建、组织协同、过程控制对地方政府职能转变均具有显著的正向影响，影响强度从大到小的排序为过程控制、组织协同、共识构建。

（6）地方政府职能转变的实现路径。基于统计分析结果，并结合地方政府的现实需要及实践中的已有做法和经验，提出地方政府职能转变的实现路径。

在增强情境动力方面，要推行科学诊断，包括健全专家顾问制度、优化政府绩效评估。在增强触发动力方面，要发挥主体合力，包括加强地方改革统筹部署、改进民众诉求表达机制、增强地方领导改革动机。在增强使能动力方面，要加强变革管理，包括构建改革共识、推进系统变革、加强过程控制。

第二节 主要创新点

本书遵循科学研究的范式，以“文献综述—分析框架与研究假设—问卷设计与数据收集—统计分析与结果讨论—政策建议”为研究主线，创新之处主要包括以下四个方面：

（1）对地方政府职能转变进行了测量。对于组织变革的测量已有很多相关研究成果，但专门针对地方政府职能转变测量的研究十分匮乏。本书基于政府职能转变的概念内涵、已有相关研究中采取的测量指标及小规模访谈结果，从行为和结果两个维度构建了地方政府职能转变的测量指标。在此基础上，采用问卷调查法，以县级政府为调查对象，收集测量指标数据，对地方政府职能转变进行了实际测量，并采用描述性统计分析方法分析了地方政府职能转变的现状。

（2）考察了地方政府职能转变的动力因素。以往研究中对地方政府职能转变动力因素的考察，缺乏系统性及合理分类，也缺乏成熟的理论及实证研究的支持。本书在前人研究的基础上，基于组织变革理论，明确了地方政府职能转变存在三类动力，分别是情境动力、触发动力、使能动力。以理论指引、文献调研、访谈研究三种方法互相印证，明确了地方政府职能转变具体的关键动力因素。其中，情境动力包括转型压力、绩效困境；触发动力包括政绩导向、民众诉求和领导推动；使能动力包括共识构建、组织协同和过程控制。在此基础上，基于各项动力因素的概念内涵、已有相关研究中采取的测量指标及小规模访谈结果，确定了各项动力因素的测量指标。采用问卷调查法，以县级政府为调查对象，收集测量指标数据，对地方政府职能转变的各项动力因素进行了实际测量，并采用描述性统计分析方法分析了地方政府职能转变的各项动力因素的现状。

（3）考察了地方政府职能转变的动力机制。以往研究中对地方政府职能转变动力机制的考察，较为缺乏系统性，缺乏对动力因素之间关系的考察，也缺乏成熟的理论及实证研究的有力支撑。本书在前人研究的基础上，基于组织变革理论，构建了地方政府职能转变动力机制的分析框架，提出了具体的研究假设，建立了地方政府职能转变动力机制的概念模型。地方政府职能转变动力机制的主路径是情境动力（转型压力、绩效困境）影响触发动力（政绩导向、民众诉求、领导推动），进而影响使能动力（共识构建、组织协同、过程控制），最终影响地方政府职能转变。在此基础上，基于问卷调查得到的地方政府职能转变及其各项动力因素的测量指标数据，采用结构方程模型分析方法，检验了所提出的具体研究假设，进而明确了各项动力因素对地方政府职能转变的影响路径及影响强度。

（4）为进一步推进地方政府职能转变提供了有价值的政策建议。以往研究中对地方政府职能转变的对策建议探讨，较为缺乏系统性，缺乏实证研究、动力研究及实践经验的有力支持。本书基于统计分析结果，并结合地方政府的现实需要及实践中的已有做法和经验，提出地方政府职能转变的实现路径，包括推行科学诊断、发挥主体合力、加强变革管理等具体政策建议，以期为进一步推进地方政府职能转变工作提供决策参考。

第三节　不足与展望

因为受到研究条件的限制，本书存在一些不足，以及需要改进完善的地方，主要包括以下几个方面：

（1）概念模型的构建有待改善。由于可供借鉴和参考的专门研究地方政府职能转变动力机制的文献较少，而且现实中地方政府职能转变的动力机制相当复杂。因此，本书提出的地方政府职能转变模型存在欠缺。例如，缺乏系统反馈（地方政府职能转变的实施及成效会反过来影响地方政府的内外部环境及相关主体的认知与行为）；只反映了地方政府职能转变动力机制的主路径；存在未纳入概念模型的地方政府职能转变动力因素（如示范效应）。

（2）研究变量的测量有待完善。对于地方政府职能转变及其各项动力因素的测量，由于缺乏成熟的、可供参考及相互印证的量表，本书的研究虽然通过小规模访谈修改完善测量指标，并通过预调查分析判断测量指标的有效性，但仍可能存在一些偏差。此外，本书采取问卷调查法收集测量指标数据，由问卷填答人判断调查对象的情况，可能会由问卷填答人的主观性导致对变量的实际测量存在偏差，进而影响后续研究的质量。

（3）调查样本的容量有待扩大。本书对 260 个县级政府进行了调查，相较于结构方程模型所要求的测量指标与样本数量 10∶1 以上的更佳比例，本书的样本数量并未达到，而且存在地区分布不均衡的问题，每个县级政府只有 1～2 份有效问卷，影响实际测量结果的质量。

（4）调查数据的分析有待拓展。本书统计分析中的描述性统计分析结果显示东中西部地方政府职能转变及其各项动力因素的平均得分存在差异，分地区进行动力机制的结构方程模型分析具有理论和实践价值。但由于分地区的样本数量较少，未能达到结构方程模型分析的要求，只能作罢。

（5）实现路径的提出有待深化。本书基于统计分析结果，并结合地方政府的现实需要及实践中的已有做法和经验，提出地方政府职能转变的实现路径，但由于未进行典型案例的分析验证，也未开展针对实现路径的实证调查，因而所提出的实现路径还存在不足。

基于研究的不足之处，未来的研究可从以下几个方面加以拓展和深化：①通过更多的理论探讨及实证检验，进一步完善地方政府职能转变的动力机制模型；②进一步理清各项变量的内涵，开展实证检验，构建更具效度和信度的地方政府职能转变及其各项动力因素的测量量表；③扩大样本容量，采取分层抽样的方法，在东中西部地区各随机选择 200 个县级政府，开展大规模问卷调查；④分地区进行地方政府职能转变动力机制的结构方程模型分析；⑤选择若干个有代表性的地方政府职能转变典型案例进行深入的实地调研及案例分析，并对地方政府职能转变的实现路径开展实证调查。

参 考 文 献

奥斯本 D，盖布勒 T. 1996. 改革政府[M]. 周敦仁，等译. 上海：上海译文出版社.
巴比 A. 2005. 社会研究方法[M]. 10 版. 邱泽奇，译. 北京：华夏出版社.
包国宪. 2005. 绩效评价：推动地方政府职能转变的科学工具——甘肃省政府绩效评价活动的实践与理论思考[J]. 中国行政管理，(7)：86-91.
包国宪，曹西安. 2007. 我国地方政府绩效评价的回顾与模式分析[J]. 兰州大学学报，35(1)：34-39.
鲍宗豪，崔翔. 2014. 在深化改革中建构政府职能转变的动力机制[J]. 河北学刊，(3)：109-115.
北京师范大学经济与资源管理研究所. 2003. 中国市场经济发展报告[M]. 北京：中国对外经济贸易出版社.
彼得斯 B G. 2001. 政府未来的治理模式[M]. 张成福，夏宏图，译. 北京：中国人民大学出版社.
蔡立辉. 2007. 政府绩效评估：现状与发展前景[J]. 中山大学学报，47 (5)：82-90.
蔡立辉，龚鸣. 2010. 整体政府：分割模式的一场管理革命[J]. 学术研究，(5)：33-42.
操世元. 2010. 论地方政府职能转变的动力与障碍——以杭州市为例[J]. 理论导刊，(2)：54-57.
曹正汉. 2011. 中国上下分治的治理体制及其稳定机制[J]. 社会学研究，(1)：1-40.
陈国权，黄振威. 2010. 地方政府创新研究的热点主题与理论前瞻[J]. 浙江大学学报，40(4)：14-26.
陈国权，徐露辉. 2008. 责任政府：思想渊源与政制发展[J]. 政法论，26 (2)：31-38.
陈家喜，汪永成. 2013. 政绩驱动：地方政府创新的动力分析[J]. 政治学研究，(4)：50-56.
陈茗. 2007. 我国政府职能转变面临的挑战及对策选择[J]. 长江论坛，(6)：136-137.
陈雪莲，杨雪冬. 2009. 地方政府创新的驱动模式——地方政府干部视角的考察[J]. 公共管理学报，(3)：1-11.
登哈特 J V，登哈特 R B. 2004. 新公共服务：服务而不是掌舵[M]. 丁煌，译. 北京：中国人民大学出版社.
丁任重. 2013. 新时期中国全面深化改革的纲领——学习党十八届三中全会《公报》的体会[J]. 经济学家，(12)：15-16.
丁霞，颜鹏飞. 2011. 论我国政府职能的变革与转型[J]. 经济学家，(5)：97-98.

董礼胜. 2012. 公务员对我国行政改革的认知状况调查——基于对浙江省公务员群体的调查[J]. 中国行政管理，（2）：68-73.
杜创国. 2008. 政府职能转变论纲[M]. 北京：中央编译出版社.
杜飞进. 2007. 论和谐社会建设与政府职能转变[J]. 学习与探索，（1）：1-9.
樊纲，王小鲁. 2006. 中国市场化指数——各地区市场化相对进程 2011 年报告[M]. 北京：经济科学出版社.
樊鹏. 2015. 构建合理适度政府规模的经验尺度——基于美中两国的比较分析[J]. 政治学研究，（2）：79-91.
范柏乃，蓝志勇. 2008. 公共管理研究与定量分析方法[M]. 北京：科学出版社.
古志辉，蔡方. 2005. 中国 1978～2002 年的财政压力与经济转轨：理论与实证[J]. 管理世界，（7）：5-15.
郭明. 2014. 地方政府改革的动力机制分析——以广东省顺德区容桂街道为例[J]. 社会主义研究，（6）：78-84.
韩琪. 2002. 加入 WTO 与我国政府职能的转变[J]. 管理现代化，（6）：12-14.
何强. 2008. 地方政府职能转变的动力机制与路径[J]. 黑龙江社会科学，（1）：40-42.
何士青. 2006. 新中国政府职能转换的历史回顾与法学反思[J]. 国家行政学院学报，（2）：51-54.
何颖. 2002. 加入 WTO 与我国政府职能的重构[J]. 政治学研究，（2）：35-43.
何颖. 2008. 中国政府机构改革 30 年回顾与反思[J]. 中国行政管理，（12）：21-27.
何颖. 2010. 我国政府职能转变问题的反思[J]. 行政论坛，17（4）：35-38.
何增科. 2014. 中国地方政府创新的类型与趋势（2000～2012）——基于前六届“中国地方政府创新奖”获奖项目的定量研究[J]. 当代中国政治研究报告，（00）：177-194.
赫郑飞，文宏. 2015. 深化政府职能转变的理论探讨与实践创新——中国行政管理学会 2013～2014 年会暨“深化政府职能转变”研讨会综述[J]. 中国行政管理，（3）：152-155.
洪银兴. 2006. 中国经济转型和转型经济学[J]. 经济学动态，（7）：26-31.
侯保疆. 2003. 我国政府职能转变的历史考察与反思[J]. 政治学研究，（1）：83-88.
侯保疆. 2007. 从概念的理论内涵看政府职能转变的内容[J]. 太平洋学报，（7）：75-80.
胡佳. 2009. 中国行政改革动力研究综述——行政改革动力的多维度分析[J]. 理论与改革，（4）：10-13.
黄爱宝. 2006. “生态型政府”初探[J]. 南京社会科学，（1）：55-60.
黄刚. 2015. 论全面深化改革的问题指向——习近平总书记系列重要讲话[J]. 长江论坛，（4）：46-50.
黄蓉生. 2015. 新时期推进政府职能转变再思考[J]. 社会科学家，（9）：39-43.
贾凌民，姜明安，宋功德，等. 2012. 法治政府建设有关问题研究[J]. 中国行政管理，（4）：17-19.
姜杰，蒋文丽，梁贝贝. 2014. 行政定位的演变与“有效政府”[J]. 中国行政管理，（11）：

38-42.
凯恩斯 J M. 1999. 就业、信息和货币通论[M]. 高鸿业，译. 北京：商务印书馆.
莱纳 M，杨望平. 2011. “第三条道路”的讣告：金融危机和欧洲社会民主主义[J]. 国外理论动态，（5）：44-48.
李保林，刘强，高云. 2014. 路径依赖与政府职能转变的关联性探析[J]. 广东行政学院学报，（1）：33-35.
李景鹏. 2007. 地方政府创新与政府体制改革[J]. 北京行政学院学报，（3）：1-4.
李文钊，毛寿龙. 2010. 中国政府改革：基本逻辑与发展趋势[J]. 管理世界，（8）：44-58.
厉以宁. 2013. 中国经济双重转型之路[M]. 北京：中国人民大学出版社.
梁莹. 2010. “公民论坛”中的地方政府回应——以南京市“市民论坛”为例[J]. 中国行政管理，（6）：69-75.
林登 R M. 2002. 无缝隙政府[M]. 汪大海，等译. 北京：中国人民大学出版社.
林尚立. 2007. 政府改革：责任、能力与绩效[J]. 上海大学学报，14（3）：68-73.
刘华. 2008. 西方主要经济学流派关于政府职能的理论论述及实践启示[J]. 科学经济社会，26（4）：37-40.
刘旺洪. 2006. 法治政府的基本理念[J]. 南京师大学报，（4）：24-29.
刘艳玲. 2006. 浅谈对我国政府改革及其动力系统的认识[J]. 东南大学学报，（S2）：110-112.
卢坤建. 2009. 回应型政府：理论基础、内涵与特征[J]. 学术研究，（7）：66-70.
芦垚，杨雪冬，李凡. 2011. 地方创新需与制度对接[J]. 浙江人大，（11）：17-18.
罗宾斯 S P，贾奇 T A. 2012. 组织行为学[M]. 14 版. 孙键敏，等译. 北京：清华大学出版社.
罗德刚. 2005. 论学习借鉴西方行政改革经验[J]. 中国行政管理，（4）：72-75.
罗峰. 2011. 渐进过程中的政府职能转变：价值、动因与阻力[J]. 学术月刊，（5）：23-30.
罗森布罗姆 D H，克拉夫丘克 R S. 2002. 公共行政学：管理、政治和法律的途径[M]. 5 版. 张成福，等译. 北京：中国人民大学出版社.
马怀德. 2008. 法治政府特征及建设途径[J]. 国家行政学院学报，（2）：36-39.
马骏. 2013. 中国公共预算面临的最大挑战：财政可持续[J]. 国家行政学院学报，（5）：19-30.
马庆国. 2002. 管理统计：数据获取、统计原理、SPSS 工具与应用研究[M]. 北京：科学出版社.
毛寿龙，景朝亮. 2014. 近三十年来我国政府职能转变的研究综述[J]. 天津行政学院学报，（4）：12-18.
穆勒 J. 1991. 政治经济学原理及其在社会哲学上的若干应用[M]. 赵荣潜，等译. 北京：商务印书馆.
倪星. 2006. 政府合法性基础的现代转型与政绩追求[J]. 中山大学学报，46（4）：81-87.
倪星. 2007. 地方政府绩效评估指标的设计与筛选[J]. 武汉大学学报，（2）：157-164.
潘秀珍，褚添有. 2010. 利益冲突性制度变迁——转型期中国行政审批制度改革的理论模型

[J]. 中国行政管理，（5）：14-18.
齐桂珍. 2007. 国内外政府职能转变及其理论研究综述[J]. 中国特色社会主义研究，（5）：87-92.
齐卫平，王可园，唐兴军. 2013. 转变政府职能的三个认识维度[J]. 江汉论坛，（9）：107-111.
萨缪尔森 P，诺德豪斯 W. 2013. 宏观经济学[M]. 19 版. 于健，译. 北京：人民邮电出版社.
沈荣华. 1999. 关于转变政府职能的若干思考[J]. 政治学研究，（4）：54-60.
施瑞龙. 2010. 组织学习、战略执行力与企业绩效关系研究[D]. 杭州：浙江大学.
施雪华. 2010. “服务型政府”的基本涵义、理论基础和建构条件[J]. 社会科学，（2）：3-11.
石亚军. 2015. 当前推进政府职能根本转变亟需解决的若干深层问题[J]. 中国行政管理，（6）：8-20.
斯蒂格利茨 J. 2000. 经济学[M]. 2 版. 梁小民，等译. 北京：中国人民大学出版社.
斯密 A O. 1972. 国民财富的性质和原因研究[M]. 郭大力，王亚男，译. 北京：商务印书馆.
孙国民. 2013. 转型研究的三个层面——兼论政府再造[J]. 中国经济问题，（5）：10-20.
孙巧丽. 2005. 构建诚信政府的有效途径探析[J]. 中国行政管理，（6）：31-32.
唐昊. 2014. 论我国当前改革共识的形成路径[J]. 思想战线，（6）：125-130.
唐皇凤. 2014. 经济发展方式转变与政府治理模式转型[J]. 中州学刊，（10）：10-14.
唐任伍，唐天伟. 2011. 区域间地方政府运行效率测度：2000～2009[J]. 改革，（7）：149-153.
唐铁汉. 2007. 我国政府职能转变的成效、特点和方向[J]. 国家行政学院学报，（2）：10-13.
唐铁汉. 2009. 抓住重点 突破难点 加快推进政府职能转变[J]. 中国行政管理，（8）：4-6.
陶建武. 2015. 地方政府创新的动力与过程[J]. 重庆社会科学，（9）：38-46.
陶庆. 2015. “问题倒逼”与政府职能转变——以上海自贸区建设的若干困境为例[J]. 经济体制改革，（6）：19-25.
田旭，车邱彦. 2006. 电子政务——政府职能转变的推动力[J]. 社会科学家，（S2）：37-38.
万如意. 2011. 对中国政府职能转变的定量观测——财政支出结构的视角[J]. 发展研究，（2）：55-60.
汪永成. 2007. 中国地方行政改革和发展的历程与特点：以深圳特区为例的分析[J]. 中国行政管理，（8）：18-21.
王策. 2005. 诚信政府建构论[J]. 社会科学辑刊，（6）：43-47.
王国平. 2004. 政府职能转变与经济发展水平[J]. 国家行政学院学报，（5）：59-62.
王虹，仇艳艳. 2009. 生态文明视域中的政府职能转变[J]. 马克思主义与现实，（1）：166-168.
王建民. 2013. 战略管理学[M]. 北京：北京大学出版社.
王丽莉，高键. 2004. 廉价政府：内涵、建设措施及其评估系统[J]. 中州学刊，（1）：46-50.
王连伟. 2014. 政府职能转变进程中明晰职权的四个向度[J]. 中国行政管理，（6）：40-43.
王孝刚. 2014. 新时期政府职能转变内涵与路径探究[J]. 人民论坛，（29）：52-54.
王鑫. 2013. 组织健康、战略执行力与企业竞争优势关系研究[D]. 天津：天津大学.

王幼英. 2007. 当代西方“第三条道路”兴衰的政治学分析[D]. 长春：吉林大学.
王臻荣，邹祥波. 2005. 试论我国现阶段有效政府的构建及路径选择[J]. 政治学研究，(2)：78-87.
魏凤春，于红鑫. 2002. 中国潜在财政危机的成因与对策[J]. 战略与管理，(1)：75-86.
吴建南，马亮，苏婷，等. 2011. 政府创新的类型与特征——基于“中国地方政府创新奖”获奖项目的多案例研究[J]. 公共管理学报，(1)：94-103.
吴建南，马亮，杨宇谦. 2007. 中国地方政府创新的动因、特征与绩效——基于“中国地方政府创新奖”的多案例文本分析[J]. 管理世界，(8)：43-51.
吴建南，张攀，刘杰. 2015. 地方政府职能转变综合改革如何推动[J]. 中国行政管理，(4)：42-46.
吴敬琏. 2014-05-23. 改革要聚焦有效有限政府[N]. 经济导报.
吴明隆. 2012. 结构方程模型[M]. 重庆：重庆大学出版社.
吴志华. 2013. 行政体制改革的动因、目标和难题[J]. 上海师范大学学报，42（3)：46-51.
夏卿. 2003. 电子政务：推动我国行政管理体制改革的重要动力[J]. 云南社会科学，(S1)：103-104.
夏书章. 2007. 廉价政府[J]. 中国行政管理，(5)：88.
夏书章. 2008. 行政管理学[M]. 广州：中山大学出版社.
谢庆奎. 2005. 政府学概论[M]. 北京：中国科学出版社.
熊文钊. 2005. 论中国中央与地方府际权力关系的重构[J]. 河北法学，23（9)：18-26.
徐全忠. 2010. 政府组织行为学[M]. 北京：对外经济贸易大学出版社.
徐万里，孙海法，王志伟，等. 2008. 中国企业战略执行力维度结构及测量[J]. 中国工业经济，(10)：97-108.
徐湘林. 2010. 转型危机与国家治理：中国的经验[J]. 经济社会体制比较，(5)：1-14.
许明强. 2009. 地方政府职能转变的困局：一个强制性制度变迁的视角[J]. 北京行政学院学报，(6)：32-37.
薛澜，李宇环. 2014. 走向国家治理现代化的政府职能转变：系统思维与改革取向[J]. 政治学研究，(5)：61-70.
薛立强，杨书文. 2010. 从“中央地方关系”到“政府间纵向关系”——代表性观点与理论趋势[J]. 云南社会科学，(5)：36-40.
薛云奎，齐大庆，韦华宁. 2005. 中国企业战略执行现状及执行力决定因素分析[J]. 管理世界，(9)：88-98.
燕继荣. 2009. 服务型政府的研究路向——近十年来国内服务型政府研究综述[J]. 学海，(1)：191-201.
杨百揆. 1986. 政府机构设置的依据[J]. 政治学研究，(3)：32-37.
杨鸿台. 2004. 论法治政府、责任政府、服务政府及政府职能转变[J]. 毛泽东邓小平理论研究，（7）：3-13.

杨建顺. 2006. 论政府职能转变的目标及其制度支撑[J]. 中国法学，（6）：25-31.

杨丽，孙国辉，Eppler M J. 2009. 战略执行影响因素研究[J]. 中央财经大学学报，（5）：48-52.

杨蓉蓉. 2014. 提高我国地方政府回应能力问题研究——基于人民网《地方领导留言板》的分析[J]. 理论导刊，（6）：30-33.

杨学渊. 2001. 我国政府职能转变滞后的动力机制考察[J]. 中共中央党校学报，（2）：110-112.

杨雪冬. 2008. 简论中国地方政府创新研究的十个问题[J]. 公共管理学报，（1）：16-26.

杨雪冬. 2011. 过去 10 年的中国地方政府改革——基于中国地方政府创新奖的评价[J]. 公共管理学报，8（1）：81-93.

姚志友，刘祖云. 2008. 生态型政府：境遇、阐释及其建构[J]. 南京农业大学学报，8（3）：77-82.

于文超，高楠，龚强. 2014. 公众诉求、官员激励与地区环境治理[J]. 浙江社会科学，（5）：23-35.

俞可平. 2002. 全球治理引论[J]. 马克思主义与现实，（1）：20-32.

俞可平. 2005. 论政府创新的若干基本问题[J]. 文史哲，（4）：138-146.

俞可平. 2008. 改革开放 30 年政府创新的若干经验教训[J]. 国家行政学院学报，（3）：19-21.

俞可平. 2011. 善治与幸福[J]. 马克思主义与现实，（2）：1-3.

袁凌. 2004. 组织行为学[M]. 长沙：湖南大学出版社.

负杰. 2005. 有限政府论：思想渊源与现实诉求[J]. 政治学研究，（1）：10-18.

曾维和. 2008. 西方“整体政府”改革：理论、实践及启示[J]. 公共管理学报，5（4）：62-69.

张成福. 2000. 责任政府论[J]. 中国人民大学学报，14（2）：75-82.

张成福，边晓慧. 2013. 超越集权与分权，走向府际协作治理[J]. 公共管理与政策评论，（4）：6-15.

张成福，党秀云. 2001. 公共管理学[M]. 6 版. 北京：中国人民大学出版社.

张德. 2008. 组织行为学[M]. 3 版. 北京：高等教育出版社.

张国庆. 2007. 公共行政学[M]. 3 版. 北京：北京大学出版社.

张金鉴. 1992. 行政学典范[M]. 台北：中国行政学会.

张婧，段艳玲. 2013. 市场导向组织变革的动力机制研究[J]. 科研管理，34（10）：109-117.

张康之. 2000. 论政府的非管理化——关于“新公共管理”的趋势预测[J]. 教学与研究，（7）：31-37.

张康之. 2006. 论行政发展的历史脉络[J]. 四川大学学报，（2）：51-57.

张鸣. 2013. 政府信用与政府绩效关联机理研究[D]. 杭州：浙江大学.

张雅林. 1999. 推进行政改革 建立有限政府[J]. 中国行政管理，（4）：41-44.

赵静，陈玲，薛澜. 2013. 地方政府的角色原型、利益选择和行为差异——一项基于政策过程研究的地方政府理论[J]. 管理世界，（2）：90-106.

赵兴. 2007. “廉价政府”：建立节约型政府的目标[J]. 马克思主义与现实，(6)：110-113.
郑思齐，万广华，孙伟增，等. 2013. 公众诉求与城市环境治理[J]. 管理世界，(6)：72-84.
郑小强. 2013. 政府职能转变动力机制研究——系统动力学观点[J]. 上海行政学院学报，(3)：55-63.
中国现代化战略研究课题组. 2001. 中国现代化报告[M]. 北京：北京大学出版社.
周黎安. 2007. 中国地方官员的晋升锦标赛模式研究[J]. 经济研究，(7)：36-50.
周黎安. 2014. 行政发包制[J]. 社会，(6)：1-38.
周志忍. 1995. 当代西方行政改革与管理模式转换[J]. 北京大学学报，(4)：81-87.
周志忍. 1999. 当代国外行政改革比较研究[M]. 北京：国家行政学院出版社.
周志忍. 2006. 新时期深化政府职能转变的几点思考[J]. 中国行政管理，(10)：14-18.
周志忍. 2010. 论行政改革动力机制的创新[J]. 行政论坛，17（2）：1-6.
周志忍，徐艳晴. 2014. 基于变革管理视角对三十年来机构改革的审视[J]. 中国社会科学，(7)：66-86.
朱光磊. 2013. 中国政府职能转变问题研究论纲[J]. 中国高校社会科学，(1)：145-155.
朱光磊，于丹. 2008. 建设服务型政府是转变政府职能的新阶段——对中国政府转变职能过程的回顾与展望[J]. 政治学研究，(6)：67-72.
朱丽峰. 2010. 绩效评估：推进服务型政府建设的动力来源[J]. 云南行政学院学报，(3)：118-121.
朱庆芳. 2001. 社会指标体系[M]. 北京：中国社会科学出版社.
竺乾威. 2012. 改革的逻辑：机构改革的回顾与展望[J]. 复旦公共行政评论，(2)：187-200.
卓越，张晨舟. 2014. 政府职能转变中绩效评估的工具作用[J]. 北京行政学院学报，(5)：15-19.
邹伟，陈华，张辉，等. 2004. 政府职能演变与发展趋势研究[M]. 南宁：广西民族出版社.
Aberbach J D，Christensen T. 2001. Radical reform in New Zealand：crisis，windows of opportunity，and rational actors[J]. Public Administration，79（2）：403-422.
Abraham M，Crawford J，Fisher T. 1999. Key factors predicting effectiveness of cultural change and improved productivity in implementing total quality management[J]. International Journal of Quality & Reliability Management，16（2）：112-132.
Alas R. 2007. The triangular model for dealing with organizational change[J]. Journal of Change Management，7（3-4）：255-271.
Amabile T M，Schatzel E A，Moneta G B，et al. 2004. Leader behaviors and the work environment for creativity：perceived leader support[J]. The Leadership Quarterly，15（1）：5-32.
Andersen H T. 2008. The emerging Danish government reform-centralised decentralisation[J]. Urban Research & Practice，1（1）：3-17.

Andrews C W. 2008. Legitimacy and context: implications for public sector reform in developing countries[J]. Public Administration and Development, 28 (3): 171-180.

Armenakis A A, Bedeian A G. 1999. Organizational change: a review of theory and research in the 1990s[J]. Journal of Management, 25 (3): 293-315.

Armenakis A A, Harris S G. 2009. Reflections: our journey in organizational change research and practice[J]. Journal of Change Management, 9 (2): 127-142.

Aucoin P. 1990. Administrative reform in public management: paradigms, principles, paradoxes and pendulums[J]. Governance, 3 (2): 115-137.

Battilana J, Casciaro T. 2012. Change agents, networks, and institutions: a contingency theory of organizational change[J]. Academy of Management Journal, 55 (2): 381-398.

Battilana J, Leca B, Boxenbaum E. 2009. How actors change institutions: towards a theory of institutional entrepreneurship[J]. Academy of Management Annals, 3 (1): 65-107.

Bel G, Hebdon R, Warner M. 2007. Local government reform: privatisation and its alternatives[J]. Local Government Studies, 33 (4): 507-515.

Bergquist W. 1992. The Four Cultures of the Academy: Insights and Strategies for Improving Leadership in Collegiate Organizations[M]. San Francisco: Jossey-Bass.

Bhyrovabhotla N V L. 2011. A processual operational framework for implementation of strategies and policies: an iterative grounded approach[J]. SSRN: 1973407.

Blackburn G. 2014. Elements of successful change: the service Tasmania experience to public sector reform[J]. Australian Journal of Public Administration, 73 (1): 103-114.

Boeker W. 1997. Strategic change: the influence of managerial characteristics and organizational growth[J]. Academy of Management Journal, 40 (1): 152-170.

Breu K. 1999. Modelling individual transition in the context of organisational transformation[J]. Journal of Management Development, 18 (6): 496-520.

Breu K, Benwell M. 1999. Modelling individual transition in the context of organizational transformation[J]. Journal of Management Development, 18 (6): 496-520.

Breul J D, Kamensky J M. 2008. Federal government reform: lessons from Clinton's "reinventing government" and Bush's "management agenda" initiatives[J]. Public Administration Review, 68 (6): 1009-1026.

Burke W W, Litwin G H. 1992. A causal model of organizational performance and change[J]. Journal of Management, 18 (3): 523-545.

Burnes B. 1996. No such thing as… a "one best way" to manage organizational change[J]. Management Decision, 34 (10): 11-18.

Christensen T, Dong L, Painter M, et al. 2012. Imitating the west? Evidence on administrative reform from the upper echelons of Chinese provincial government[J]. Public Administration

Review，72（6）：798-806.

Christensen T，Laegreid P. 2007. The whole-of-government approach to public sector reform[J]. Public Administration Review，67（6）：1059-1066.

Collins D. 1998. Organizational Change：Sociological Perspectives[M]. London：Routledge.

Colombo M G，Delmastro M. 2002. The determinants of organizational change and structural inertia：technological and organizational factors[J]. Journal of Economics & Management Strategy，11（4）：595-635.

Connor P E，Lake L K，Stackman R W. 1988. Managing Organizational Change[M]. New York：Praeger.

Cummings T G，Worley C G. 2014. Organization Development and Change[M]. Stamford：Cengage Learning.

de Graaf G，van der Wal Z. 2010. Managing conflicting public values：governing with integrity and effectiveness[J]. The American Review of Public Administration，40（6）：623-630.

Donaldson L. 1999. Performance-driven Organizational Change：The Organizational Portfolio[M]. London：SAGE Publications.

Drewry G，Chan C P. 2001. Civil service reform in the People's Republic of China：another mirage of the new global paradigm of public administration?[J]. International Review of Administrative Sciences，67（3）：461-478.

European CAF Resource Centre. 2013. CAF 2013：The Common Assessment Framework（CAF）Improving Public Organisations through Self-Assessment[EB/OL]. http: //www.eipa.eu/files/File/CAF/CAF_2013.pdf.

Falletta S V. 2008. Organizational intelligence surveys[J]. Training & Development，（6）：52-58.

Ferlie E，Ashburner L，Fitzgerald R，et al. 1996. The New Public Management in Action[M]. New York：Oxford University Press.

Fernandez S，Rainey H G. 2006. Managing successful organizational change in the public sector[J]. Public Administration Review，66（2）：168-176.

Floyd S W，Wooldridge B. 1992. Managing strategic consensus：the foundation of effective implementation[J]. The Executive，6（4）：27-39.

Fredrickson H G. 1980. New Public Administration[M]. Huntsville：University of Alabama Press.

Frohman A L. 1998. Igniting organizational change from below：the power of personal initiative[J]. Organizational Dynamics，25（3）：39-53.

Gibert C G. 2005. Unbundling the structure of inertia：resource versus routine rigidity[J]. Academy of Management Journal，48：741-763.

Giddens A. 1998. The Third Way：The Renewal of Social Democracy[M]. London：Polity Press.

Gilley A，Gilley J W，McMillan H S. 2009. Organizational change：motivation，communication， and leadership effectiveness[J]. Performance Improvement Quarterly，21（4）：75.

Graham J，Amos B，Plumptre T. 2003. Principles for good governance in the 21st century[J]. Policy Brief，15：1-6.

Greenwood R，Hinings C R. 1996. Understanding radical organizational change：bringing together the old and the new institutionalism[J]. Academy of Management Review，21（4）：1022-1054.

Greenwood R，Suddaby R. 2006. Institutional entrepreneurship in mature fields：the big five accounting firms[J]. Academy of Management Journal，49（1）：27-48.

Gustafson D H，Sainfort F，Eichler M，et al. 2003. Developing and testing a model to predict outcomes of organizational change[J]. Health Services Rcscarch，38（2）：751-776.

Guth W D，Macmillan I C. 1986. Strategy implementation versus middle management self-interest[J]. Strategic Management Journal，7（4）：313-327.

Hammerschmid G，Meyer R. 2003. Current initiatives and central actors in the Austrian administrative reform process[A]. Oeiras：The EGPA Annual Conference.

Hansen H F. 2005. Evaluation in and of public-sector reform：the case of Denmark in a nordic perspective[J]. Scandinavian Political Studies，28（4）：323-347.

Harrison G. 2001. Post-conditionality politics and administrative reform：reflections on the cases of Uganda and Tanzania[J]. Development and Change，32（4）：657-679.

Higgs M，Rowland D. 2011. What does it take to implement change successfully？A study of the behaviors of successful change leaders[J]. The Journal of Applied Behavioral Science，(4)：1-27.

Hinings C R，Brown J L，Greenwood R. 1991. Change in an autonomous professional organization [J]. Journal of Management Studies，28（4）：375-393.

Hobolt S B，Klemmemsen R. 2005. Responsive government？Public opinion and government policy preferences in Britain and Denmark[J]. Political Studies，53（2）：379-402.

Hong J. 2013. NPM，'Die Hard' legacy？NPM reform and administrative law in Korea[J]. Public Administration and Development，33（4）：311-319.

Huja S S. 1995. Seamless government：a practical guide to re-engineering in the public sector[J]. Public Management，(4)：409-411.

Huque A S. 1985. The politics of local government reform in rural Bangladesh[J]. Public Administration and Development，5（3）：205-217.

Huque A S. 2002. Government-society relations and the politics of administrative reform in Hong Kong[J]. Public Policy and Administration，(1)：5-20.

Jacobs G，van Witteloostuijn A，Christe-Zeyse J. 2013. A theoretical framework of organizational change[J]. Journal of Organizational Change Management，26（5）：772-792.

Johns G. 2006. The essential impact of context on organizational behavior[J]. Academy of Management Review，31（2）：396-408.

Jørgensen T B，Bozenman B. 2007. Public values：an inventor[J]. Administration & Society，39（3）：354-381.

Kaufman B E. 1990. A new theory of satisficing[J]. Journal of Behavioral Economics，19（1）：35-51.

Kaufmann D，Kraay A，Zoido-Lobatón P. 2000. Governance matters[J]. Finance & Development，37（2）：10.

Ketchen D J，Palmer T B. 1999. Strategic responses to poor organizational performance：a test of competing perspectives[J]. Journal of Management，25（5）：683-706.

Kezar A. 2001. Understanding and facilitating organizational change in the 21st century[J]. ASHE-ERIC higher education report，28（4）：147.

Kickert W J M. 2010. Managing emergent and complex change：the case of Dutch agencification[J]. International Review of Administrative Sciences，76（3）：489-515.

Kim P S，Halligan J，Cho N，et al. 2005. Toward participatory and transparent governance：report on the sixth global forum on reinventing government[J]. Public Administration Review，65（6）：646-654.

Knox C，Zhang Q. 2007. Building public service-oriented government in China[J]. International Journal of Public Sector Management，（5）：449-464.

Kotter J. 1995. Leading change：Why transformation efforts fail[J]. Harvard Business Review，73（2）：59-67.

Kuhlmann S. 2006. Local Government reform between ‘exogenous’ and ‘endogenous’ driving forces[J]. Public Management Review，8（1）：67-86.

Kuhlmann S. 2007. Trajectories and driving factors of local government reforms in Paris：a ‘deviant case’ of institutional development？[J]. Local Government Studies，33（1）：5-24.

Kuipers B S，Higgs M，Kickert W，et al. 2014. The management of change in public organizations：a literature review[J]. Public Administration，92（1）：1-20.

Leavitt H J. 1965. Applied organizational change in industry//March J G. Handbook of Organizations[M]. New York：Rand McNally.

Lewin K，Cartwright D. 1951. Field Theory in Social Science：Selected Theoretical Papers[M]. New York：Harpers & Brothers.

Lewin K. 1947. Frontiers in group dynamics[J]. Human Relations，1（2）：143-153.

Light P C. 2006. The tides of reform revisited：patterns in making government work，1945—2002[J]. Public Administration Review，66（1）：6-19.

Lindell M K，Whitney D J. 2001. Accounting for common method variance in cross-sectional research designs[J]. Journal of Applied Psychology，86（1）：114-221.

Ling T. 2002. Delivering joined-up government in the UK：dimensions，issues and problems[J]. Public Administration，80（4）：615-642.

Lo A Y H，Jim C Y. 2012. Citizen attitude and expectation towards greenspace provision in compact urban milieu[J]. Land Use Policy，29（3）：577-586.

Locke J，Laslett P. 1960. Two Treaties of Government[M]. Cambridge：Cambridge University Press.

Meyer J P，Srinivas E S，Lal J B，et al. 2007. Employee commitment and support for an organizational change：test of the three-component model in two cultures[J]. Journal of Occupational & Organizational Psychology，80（2）：185-211.

Moore M H. 1995. Creating Public Value：Strategic Management in Government[M]. Cambridge，M A：Harvard University Press.

Morgan P J，Baser H，Morin D. 2010. Developing capacity for managing public service reform：the Tanzania experience 2000～2008[J]. Public Administration and Development，30（1）：27-37.

Mueller R O. 1997. Structural equation modeling：Back to basics[J]. Strutural Equation Modeling，4：353-369.

Nadler D A. 1981. Managing organizational change：an integrative perspective[J]. Journal of Applied Behavioral Science，17（2）：191-211.

Nadler D A，Tushman M L. 1977. A Congruence Model for Diagnosing Organizational Behavior[M]. New York：Columbia University，Graduate School of Business.

Nielsen R P. 1983. Strategic planning and consensus building for external relations—five cases[J]. Long Range Planning，16（6）：74-81.

Oakland J S，Tanner S. 2007. Successful change management[J]. Total Quality Management and Business Excellence，18（1-2）：1-19.

Ogbonna E，Harris L C. 1988. Innovative organizational structures and performance：a case study of structural transformation to "groovy community centers" [J]. Journal of Organizational Change Management，16（16）：512-533.

Okumus F. 2003. A framework to implement strategies in organizations[J]. Management Decision，41（9）：871-882.

Ongaro E. 2011. The role of politics and institutions in the Italian administrative reform trajectory[J]. Public Administration，89（3）：738-755.

Palmer I，Dunford R. 2008. Organizational change and the importance of embedded assumptions[J]. British Journal of Management，19（s1）：S20-S32.

Pettigrew A，Fenton E. 2000. The innovating organisation[J]. Long Range Planning，35（1）：

93-96.

Podsakoff P M，Organ D W. 1986. Self-reports in organizational research：problems and prospects[J]. Journal of Management，12（4）：531-544.

Porras J I，Silvers R C. 1991. Organization development and transformation[J]. Annual Review of Psychology，42（1）：51-78.

Rafferty A E，Jimmieson N L，Armenakis A A. 2013. Change readiness：a multilevel review[J]. Journal of Management，39（1）：110-135.

Razin E. 2004. Needs and impediments for local government reform：lessons from Israel[J]. Journal of Urban Affairs，26（5）：623-640.

Robertson P J，Roberts D R，Porras J I. 1993. Dynamics of planned organizational change：assessing empirical support for a theoretical model[J]. Academy of Management Journal，36（3）：619-634.

Schumacker R E，Lomax R G. 1996. A Beginner's Guide to Structural Equation Modeling[M]. Mahwah，N J：Lawrence Erlbaum Associates.

Seifert J W，Chung J. 2008. Using e-government to reinforce government-citizen relationships：comparing government reform in the United States and China[J]. Social Science Computer Review.

Self D R，Armenakis A A，Schraeder M. 2007. Organizational change content，process，and context：a simultaneous analysis of employee reactions[J]. Journal of Change Management，7（2）：211-229.

Senge P. 1990. The Fifth Discipline：The Art and Practice of the Learning Organization[M]. New York：Doubleday.

Seo M G，Creed W E D. 2002. Institutional contradictions，praxis，and institutional change：a dialectical perspective[J]. Academy of Management Review，27（2）：222-247.

Sharma R R. 2007. Change Management[M]. New Delhi：Tata McGraw-Hill Publishing Company Ltd.

Shum P，Bove L，Auh S. 2008. Employees' affective commitment to change：the key to successful CRM implementation[J]. European Journal of Marketing，42（11/12）：1346-1371.

Simons R. 1994. How new top managers use control systems as levers of strategic renewal[J]. Strategic Management Journal，15（3）：169-189.

Smets M，Morris T I M，Greenwood R. 2012. From practice to field：a multilevel model of practice-driven institutional change[J]. Academy of Management Journal，55（4）：877-904.

Stelzer D，Mellis W. 1998. Success factors of organizational change in software process improvement[J]. Software Process：Improvement and Practice，4（4）：227-250.

Taylor-Bianco A，Schermerhorn J. 2006. Self-regulation，strategic leadership and paradox in organizational change[J]. Journal of Organizational Change Management，19（4）：457-470.

Teo T. 2011. Considering common method variance in educational technology research[J]. British Journal of Educational Technology，42（5）：94-96.

Tichy N M. 1983. Managing Strategic Change：Technical，Political，and Cultural Dynamics[M]. New York：John Wiley & Sons.

Tsoukas H，Chia R. 2002. On Organizational becoming：rethinking organizational change[J]. Organization Science，13（5）：567-582.

van de Ven A H，Poole M S. 1995. Explaining development and change in organizations[J]. Academy of Management Review，20（3）：510-540.

van Ryzin G G. 2004. Expectations，performance，and citizen satisfaction with urban services[J]. Journal of Policy Analysis and Management，23（3）：433-448.

Waldo D. 1948. The Administrative State[M]. New York：The Ronald Press Company.

Walker H J，Armenakis A A，Bernerth J B. 2007. Factors influencing organizational change efforts：an integrative investigation of change content，context，process and individual differences[J]. Journal of Organizational Change Management，20（6）：761-773.

Weick K E，Quinn R E. 1999. Organizational change and development[J]. Annual Review of Psychology，50（1）：361-386.

Weiner B J. 2009. A theory of organizational readiness for change[J]. Implementation Science，4（1）：67.

Weisbord M R. 1976. Organizational diagnosis：six places to look for trouble with or without a theory[J]. Group & Organization Management，1（4）：430-447.

Weiss T G. 2000. Governance，good governance and global governance：conceptual and actual challenges[J]. Third World Quarterly，21（5）：795-814.

Welch E W. 2012. The Relationship between transparent and participative government：a study of local governments in the United States[J]. International Review of Administrative Sciences，78（1）：93-115.

Whelan-Berry K S，Somerville K A. 2010. Linking change drivers and the organizational change process：a review and synthesis[J]. Journal of Change Management，10（2）：175-193.

World Bank. 1997. World Development Report 1997：The State in a Changing World[M]. New York：Oxford University Press.

Zhang Y D. 2003. Reorganizing China：a study of China's restructurings of government since 1978[D]. New York：Syracuse University.

附　　录

地方政府职能转变的动力因素与实施状况调查问卷

尊敬的________：

您好！感谢您拨冗参加本问卷调查。本调查旨在了解您对地方政府职能转变的动力因素与实施状况的真实看法。调查采用匿名的方式，所获取的数据仅供研究之用。烦请您在百忙之中抽出宝贵时间，根据真实感受客观作答。

非常感谢您的大力支持和合作！联系人：×××　　联系方式：×××××××××××

2015 年 10 月

一、背景信息

1. 是否公务员　□是　□否
2. 性别　□男　□女
3. 年龄　□30 岁以下　□31～40 岁　□41～50 岁　□51 岁以上
4. 职务　□领导职务　□非领导职务
5. 学历　□高中及以下　□专科　□本科　□硕士及以上
6. 您的所在地________省/直辖市/自治区________市/区________县/县级市/市辖区

二、地方政府职能转变动力因素判断（说明：请根据您对最近 3～5 年所在县（区）的观察，对以下每条陈述的赞同程度做出判断，在相应的数字上打“√”）

根据您对最近 3～5 年所在县（区）的观察……	以下陈述是否符合现实状况						
	极不赞同	不赞同	较不赞同	中等程度	比较赞同	赞同	极其赞同
1. 民营经济持续较快发展	1	2	3	4	5	6	7
2. 人民生活水平不断提高	1	2	3	4	5	6	7

续表

根据您对最近 3～5 年所在县（区）的观察……	以下陈述是否符合现实状况						
	极不赞同	不赞同	较不赞同	中等程度	比较赞同	赞同	极其赞同
3. 对外贸易规模不断扩大	1	2	3	4	5	6	7
4. 对外交流合作不断增多	1	2	3	4	5	6	7
5. 政府官僚主义较为严重	1	2	3	4	5	6	7
6. 政府效率较为低下	1	2	3	4	5	6	7
7. 政府腐败较为严重	1	2	3	4	5	6	7
8. 民众对政府的满意度降低	1	2	3	4	5	6	7
9. 民众对政府的信任度降低	1	2	3	4	5	6	7
10. 上级党/政府对政府职能转变的重视度较高	1	2	3	4	5	6	7
11. 上级党委/政府明确部署政府职能转变的目标、任务	1	2	3	4	5	6	7
12. 上级党委/政府鼓励政府探索政府职能转变的有效途径	1	2	3	4	5	6	7
13. 民众对政府职能转变的关注度较高	1	2	3	4	5	6	7
14. 民众对政府有更高的期待	1	2	3	4	5	6	7
15. 民众对政府职能转变的要求比较迫切	1	2	3	4	5	6	7
16. 地方党政领导牵头推进政府职能转变工作	1	2	3	4	5	6	7
17. 地方党政领导对政府职能转变工作的支持度较高	1	2	3	4	5	6	7
18. 地方党政领导讲话中经常提及政府职能转变及其重要性	1	2	3	4	5	6	7
19. 政府工作人员对政府职能转变工作比较了解	1	2	3	4	5	6	7
20. 民众对政府职能转变工作比较了解	1	2	3	4	5	6	7
21. 政府工作人员对政府职能转变工作比较认同	1	2	3	4	5	6	7
22. 民众对政府职能转变工作比较认同	1	2	3	4	5	6	7
23. 政府机构改革取得较好成效	1	2	3	4	5	6	7
24. 政府工作流程得到较好优化	1	2	3	4	5	6	7
25. 政府财政支出结构较为合理	1	2	3	4	5	6	7
26. 政府工作人员的素质和业务水平较高	1	2	3	4	5	6	7
27. 政府工作人员的工作积极性较高	1	2	3	4	5	6	7
28. 政府电子政务建设取得较好成效	1	2	3	4	5	6	7
29. 政府制定职能转变方案有序推进政府职能转变工作	1	2	3	4	5	6	7
30. 对政府职能转变工作的考核较为有效	1	2	3	4	5	6	7
31. 积极推进政府职能转变的部门/个人能得到有效激励	1	2	3	4	5	6	7
32. 政府职能转变工作中存在的问题能得到有效纠正	1	2	3	4	5	6	7

三、地方政府职能转变实施状况判断（说明：请根据您对最近3～5年所在县（区）的观察，对以下每条陈述的赞同程度做出判断，在相应的数字上打“√”）

根据您对最近3～5年所在县（区）的观察……	以下陈述是否符合现实状况						
	极不赞同	不赞同	较不赞同	中等程度	比较赞同	赞同	极其赞同
1. 政府推进政府职能转变的速度较快	1	2	3	4	5	6	7
2. 政府职能转变的具体任务得到较好落实	1	2	3	4	5	6	7
3. 政府行政权力得到较大缩减	1	2	3	4	5	6	7
4. 政府工作效率得到较大提高	1	2	3	4	5	6	7
5. 政府公共服务水平得到较大提高	1	2	3	4	5	6	7
6. 政府依法行政水平得到较大提高	1	2	3	4	5	6	7
7. 政府责任意识得到较大提高	1	2	3	4	5	6	7

调查完毕，非常感谢您的支持，祝您工作顺利、生活愉快！